Ingrid Hack

*Davon
will ich mich
befreien!*

INGRID HACK

Davon will ich mich befreien!

Alte Muster endlich loswerden

Realighting®
Die neue Kurztherapie

KÖSEL

4. Auflage 2001

© 1998 by Kösel-Verlag GmbH & Co., München
Printed in Germany. Alle Rechte vorbehalten
Druck und Bindung: Ebner, Ulm
Umschlag: Elisabeth Petersen, München
Umschlagmotiv: Tony Stone Bilderwelten/V. Storman, B. Rogovin

ISBN 3-466-34396-8

*Gedruckt auf umweltfreundlich hergestelltem Werkdruckpapier
(säurefrei und chlorfrei gebleicht)*

Inhalt

Dank 9

1 Einführung 11

2 Entstehungsgeschichte der Methode 15

3 Was sind »Muster«? 22

4 Der Ursprung von Mustern: Die Notsituation des Erwachsenen und das verletzte Kind 32

5 Die Übernahme von Mustern in der Kindheit: Wie, warum und von wem? 38

6 Das Menschenbild: Vier Aspekte unseres »Selbst« 47

7 Voraussetzungen zur Umwandlung 54

   1. Das Muster erkennen 55
   2. Das Muster treffend benennen 58
   3. Das Muster wirklich loswerden wollen 61

8 Der Umwandlungsprozess: »Realighting«® oder Alchimie der Seele 63

9 Nach der Umwandlung: Typische Fragen und praktische Hinweise 78

Die neue Seinsqualität 78
Was tun, wenn ich an andere Muster stoße? 82
Woran erkenne ich, dass das Muster tatsächlich
aufgelöst ist? 83
Kann ich dem, was in meiner Imagination
entsteht, vertrauen? 85
Die alchimistischen Grundprinzipien und
individuelle Variationsmöglichkeiten 87
Realighting® unterwegs 89
Realighting®-Soforthilfe 89

10 Fallbeispiele 91

Beispiele aus dem Straßenverkehr 94
Ausbildung und Beruf 102
Beziehungen und soziales Umfeld 107
Spirituelle Erlebnisse 117

**11 Zusammenfassung: Wirkungen und Grenzen
des Realighting® und weitere Anregungen** .. 128

Heilung des »inneren Kindes« 130
Reinkarnationstherapie 132
Meditation 133
Der »innere Schweinehund« 135

**12 Realighting® und der Bezug zur Überlieferung
der Alchimisten und »Hermetiker«** 137

Die Geschichte der Alchimie 138
Paracelsus 141
Alchimistische Literatur 143
Die Offenbarungen der Tabula Smaragdina 147
Realighting® als »Stein der Weisen«? 151

13 Anmerkungen und Literaturempfehlungen 153

**14 Anhang 1: Einige Beispiele von Grundmustern
und ihren Abwandlungen** 158

Anhang 2: Eine Auswahl an häufiger vorkommenden Blütenessenzen, Obst, Gemüsen, Getreiden, Bäumen, Edelsteinen, Farben, Tieren und deren Heilwirkungen 162

Vorbemerkung, Literatur- und Anwendungsempfehlungen 162 / Abkürzungen und Herstelleradressen der im Anhang aufgeführten Essenzen 164 / Bezugsquellen für Blütenessenzen aus aller Welt 170 / Die Heilkraft oder Bedeutung von Pflanzenessenzen (Blüten, Bäume, Obst, Gemüse und Getreide) 172 / Die Heilkraft oder Bedeutung von Edelsteinen und Metallen 203 / Die Heilkraft oder Bedeutung von Farben 208 / Die Heilkraft oder Bedeutung von Tieren 211

Vorbemerkung

Holen Sie sich aus diesem Text und der Methode das, was für Sie jetzt gerade nützlich ist, was Sie weiterbringt auf Ihrem Weg zu sich selbst – und vor allen Dingen: **Probieren Sie es aus – es funktioniert wirklich!**

Dank

Mein Dank gilt als erstes meiner Lektorin Petra Bachmann, ohne deren Ermutigung und aufmerksame Begleitung dieses Buch nicht entstanden wäre. Sie gab den allerersten Anstoß, indem sie nach der Teilnahme an einem der Seminare ein Buch vermisste, in dem sie etwas über diese neue Methode hätte nachschlagen oder nachlesen können. Während des Schreibens hat sie durch ihr Nachfragen bei Unstimmigkeiten einen sehr fruchtbaren Prozess der »Klärung« bei mir eingeleitet.

Als Nächstem danke ich Uli Keller, der mir in seiner Eigenschaft als Medium den Zugang zu meiner alchimistischen und literarischen Vergangenheit wieder eröffnet hat, so dass ich mich überhaupt »ans Werk« getraut habe. Die Durchsagen, es wäre an der Zeit, »die Freude des Schreibens wieder in mein Leben zu bringen«, und die Aufforderung, vorher noch alle alten Muster und Vorstellungen darüber loszulassen (zu »realighten«), »wie viel Arbeit, Zeit und Mühe es angeblich kostet, zu schreiben«, haben sich voll bewahrheitet: Während des Schreibens habe ich mich so glücklich und erfüllt gefühlt wie selten zuvor in meinem Leben. Die Fertigstellung des Manuskripts war leicht und hat nur wenige Monate gedauert!

Auch alles, was ich an zusätzlichen Informationen brauchte, kam wie von selbst auf mich zu. In diesem Zusammenhang denke ich besonders an die umfangreiche Briefsendung von Michaela, die eines schönen und genau richtigen Tages bei mir eintraf und deren Inhalt das Kapitel über die Alchimie sehr bereichert hat. Danke!

Der engagierten Mithilfe von Petra Bachmann und Regina Jamin verdankt dieses Buch den Anhang über die Wirkungsweise von Blütenessenzen etc. Die Mühe der Aufgliederung der einzelnen Grundmuster in differenzierte Einzelmuster im Anhang hat sich Petra gemacht.

Petra, Regina, Iso und Ursula waren wichtige Teilnehmer beim Brainstorming zur Neuschöpfung des jetzt geschützten Namens der Methode: REALIGHTING®. Zusätzlich gab Catherine dank ihrer englischen Muttersprache den letzten Anstoß. Uns hat gefallen, dass dieser Begriff sehr treffend alles beschreibt, worauf es beim Realighting® ankommt. Er enthält die REALität, also die Wirklichkeit, das Wieder-(RE)-erleuchten, die ALchimie und das Licht (LIGHT). Dazu kommt noch die doppelte Bedeutung von ALIGHT: »erleuchtet« (brennend) und »sich niederlassen, landen, aussteigen ...«

Dankbar bin ich auch Bob Hoffman, der diese Veröffentlichung leider nicht mehr erleben durfte (er starb im August 1997) und seinem *Quadrinity-Prozess* mit allen Lehrern im In- und Ausland, die ihn mit großem Engagement weitervermitteln. Sein »Prozess« hat mein Leben und meine Arbeit verändert, weil ich erleben durfte, dass dauerhafte »Transformation« und spürbare spirituelle Rückbindung wirklich möglich sind. Die dort gelehrte Methode des Recycling bildet die Grundlage des jetzigen Realighting®.

Und nicht zuletzt, sondern ganz besonders danke ich all jenen Menschen, die Realighting® bereits mit Begeisterung anwenden und dieses Buch mit sehr lebendigen Fallbeispielen bereichert haben.

1 Einführung

Im Westen verstand man früher unter einem Zauberer überwiegend einen Magier, der in der Kunst der Alchemie[1] bewandert ist und Metall durch Veredelung in Gold verwandelt.
Auch in Indien ist die Alchemie bekannt (...), aber Eingeweihte wissen, daß es sich dabei in Wirklichkeit um ein Codewort handelt.
Gemeint ist die innere Alchemie, die Gabe, den Menschen zu veredeln und grundlegende Eigenschaften und Empfindungen wie Angst, Unwissenheit, Haß- und Schamgefühle in das Kostbarste zu verwandeln, was es auf der Welt gibt: in Liebe und Erfüllung. Ein spiritueller Lehrer, der uns zu zeigen vermag, wie wir uns in einen innerlich freien, liebevollen Menschen verwandeln, ist also das, was man unter einem Alchemisten versteht – jetzt und immer schon.

Deepak Chopra[2]

Wir alle suchen Erfüllung und inneren Frieden in unserem Leben. Wir rennen den Möglichkeiten hinterher, die uns Erlösung versprechen: der Liebe eines anderen Menschen, Macht, Reichtum, Glück, Erfolg und Anerkennung. All das soll uns die Sicherheit bringen, die wir zutiefst ersehnen und so sehr brauchen. Doch immer holt uns die Angst wieder ein und wir glauben, wir oder die anderen haben etwas falsch gemacht. Wir trennen uns von unserem Partner und suchen einen neuen, der uns nicht enttäuschen wird. In unserer Arbeit strengen wir uns noch mehr an. Wir lenken uns mit zahlreichen Ersatzhandlungen ab von dem eigentlichen Dilemma, das wir schon ahnen, aber das wir uns nicht eingestehen wollen: wir können es nicht *machen*, dass ein anderer uns liebt oder dass irgendetwas Äußeres uns wirklich dauerhaft glücklich sein lässt. Nichtsdestotrotz bleibt die Hoffnung noch lange bestehen, dass die Erlösung in Form einer neuen Liebe, eines neuen Jobs oder der Erleuchtung auf uns zukommen wird.

In der äußeren Welt gibt es jedoch keine Sicherheit, keine Beständigkeit. Sicher ist nur der Wandel, das Vergängliche. Alles, was wir lieben, wird uns genommen.

Wie lange dauert es, bis wir sehen, dass unsere Suche nach Glück vergeblich bleibt, solange wir außerhalb von uns suchen? Und dann: Wie lange dauert es, bis wir zähneknirschend bereit sind, die volle Verantwortung für unsere Gefühle, für unser Schicksal selbst zu übernehmen, statt weiter nach »Schuldigen« für unser Unglück – aber auch für unser Glück – zu suchen? Es ist so viel einfacher, den Eltern oder dem Partner oder der Regierung die Verantwortung für das eigene Versagen zuzuschieben, als selbst die Ärmel hochzukrempeln, sich der Situation zu stellen und neu zu handeln.

Erst dann, wenn wir bereit sind, nach innen zu schauen und uns der göttlichen Quelle in uns wieder anzuschließen und so in uns selbst vollständig zu werden, erst dann, wenn wir nicht mehr »brauchen«, sondern im inneren Frieden mit uns selbst sind und zu geben haben, ist Erfüllung und Liebe möglich.

Diese Erkenntnis ist der erste Schritt zu sich selbst und zu einem Leben in Freiheit und Freude.

Viele Menschen sind jetzt soweit, ihre Verantwortung für das eigene Leben zu übernehmen und aussteigen zu wollen aus der Opferrolle und der ewigen Wiederholung alter Verhaltensmuster.

Doch was nun? Welche Möglichkeiten zur Umsetzung in konkrete Handlung und Veränderung gibt es?

Ein möglicher Weg ist das Ankämpfen gegen die Muster, das heißt der Versuch, die unangemessenen emotionalen Reaktionen »in den Griff« zu bekommen. Erfahrungsgemäß ist das wenig erfolgreich, der negative Kreislauf verstärkt sich eher noch, indem wir Schuldgefühle entwickeln oder in Selbstvorwürfe verfallen, weil wir schon wieder auf die alte Art reagiert haben, obwohl wir doch wissen, dass es nicht angemessen oder sogar schädlich ist.

Auch der Versuch, diese alten Verhaltensweisen einfach loszulassen, führt auf Dauer zu keinem guten Ergebnis. Denn in der nächsten auslösenden Situation steht keine neue Verhaltensmöglichkeit zur Verfügung, und wir fallen wieder in die gewohnte Reaktionsform zurück. Das Gleiche gilt für Methoden wie Positives Denken oder Positive Affirmationen. Für den Moment kann ich mich schon davon überzeugen, dass ich jetzt zum Beispiel keine Angst habe, sondern mich weit und offen fühle. Aber in der nächsten Situation, die ich als »gefährlich« erlebe oder in der ich sehr unter Stress stehe, wird das alte Gefühl erneut freigesetzt. Bob Hoffman[3], der Begründer des Quadrinity-Prozesses, pflegte »Positive Thinking« in »Positive Stinking« umzubenennen, um damit recht deftig auszudrücken, dass so nur Schlagsahne über »Scheiße« gehäuft wird. Beim nächsten Lebensunwetter ist die »Sahne« schnell abgewaschen, und schon ist man wieder konfrontiert mit dem »Stinkenden« darunter.

In diesem Buch stelle ich nun das Ergebnis meiner jahrelangen Suche nach einer Methode vor, die es Menschen ermöglicht, in Selbstverantwortung an sich zu arbeiten und Veränderungen in ihrem Leben herbeizuführen, die über das bloße Bewusstwerden weit hinausgehen. Das ist eine Ergänzung oder Weiterführung zu dem, was andere psychotherapeutische oder spirituelle Methoden bieten können. Dazu kommt, dass die Methode leicht erlernbar und schnell und eigenständig anwendbar ist.

Realighting® ist eine »Alchimie der Seele«, die es jedem ermöglicht, sein inneres »Blei« in Gold zu verwandeln und seine »Schatten«qualitäten als direkten Weg ins Licht zu erfahren. Es handelt sich bei dieser Transformation um einen ganzheitlichen Prozess, an dem Körper, Gefühl, Verstand und das Höhere Selbst gleichermaßen beteiligt sind. Jeder findet dabei die jeweils ganz persönliche und stimmige Lösung, die bei verschiedenen Menschen durchaus unterschiedlich ausfällt, auch wenn das gleiche Muster behandelt wurde. *Sofort*, das heißt innerhalb der 10 bis 60 Minuten, die ein Transformationsprozess dauert, verändert sich die Wahrnehmung der äußeren Realität und damit auch die ehemals automatische Reaktion darauf. Durch das Wiederangeschlossensein an die eigene Mitte entsteht die Freiheit, sich angemessen, mitfühlend, aber nicht identifiziert zu verhalten. Und das wiederum verändert das Zusammenleben von Menschen und die Welt wirklich.

Im Umfeld dieser Arbeit eröffnet sich ein direkter Zugang zur Wirkungsweise der Natur, also z.B. von Pflanzen, Blütenessenzen, Edelsteinen, Tieren, Farben (z.B. auch Aura-Soma). Wir alle tragen dieses innere Wissen über die heilende Wirkung von »Allem, was ist« in uns – hier wird das Tor dazu geöffnet.

2 Entstehungsgeschichte der Methode

> Das größte Bedürfnis einer Seele besteht darin,
> jene Liebe zum Selbst zu verwirklichen,
> die die Einheit mit sich bringt,
> in der die Urteile,
> die solchen Schmerz verursachten,
> beseitigt werden.
>
> *Emanuel*[4]

Der tiefe Wunsch nach Öffnung meines Herzens und die Suche nach einem Ausweg aus der ewigen Wiederholung alter Muster, die das Fließen meiner Liebe blockierten, haben mich mit vielen Therapie- und Heilmethoden vertraut gemacht. Zudem begann ich mit Meditieren und war sogar kurze Zeit in einem buddhistischen Kloster in Sri Lanka. Außerdem wurde ich in der »Existentialpsychologischen Bildungs- und Begegnungsstätte« in Todtmoos-Rütte ausgebildet und Mitarbeiterin von Karlfried Graf Dürckheim. Schließlich »musste« auch noch eine Analyse nach C.G. Jung sein.

All das war nützlich, hat mich weitergebracht auf meinem Weg zu mehr Verständnis und Selbstliebe. Und doch: Die alten Muster waren damit nicht verschwunden. Ich konnte nur immer öfter etwas freundlicher und gelassener damit umgehen. Manchmal allerdings stürzte ich wieder ab in tiefe

Schlammlöcher der Verzweiflung und hatte alle Mühe, dort wieder rauszukommen.

Genauso war es Anfang 1989, als meine x-te Beziehung in die Brüche ging, weil ich mich wieder einmal genauso unwichtig und ungeliebt fühlte, wie ich das aus früheren Partnerschaften schon kannte. Diesmal aber fiel mir auf, dass dieser Mann anders war als die Vorgänger, so dass es schon erstaunlich schien, dass ich mich wieder ebenso fühlte und ihn so erlebte wie alle Männer vorher. Es musste also an mir liegen. Irgendwie schien ich die Situation, egal wie anders oder neu sie sich zu Beginn anfühlte, immer wieder so hinzukriegen, dass ich mich am Ende erneut ungeliebt, unwichtig und klein fühlte – Gefühle, die mir seit meiner Kindheit sehr vertraut waren.

Da fiel mir die '89er März-Ausgabe der Zeitschrift *Esotera* in die Hände mit dem Artikel »In sieben Tagen zum höheren Selbst – Der Mensch im »Hoffman-Prozess«. Ich las diesen Erfahrungsbericht mit einer Mischung aus Unglauben, Hoffnung, Zweifel und Verblüffung. Da gab es eine Methode, die in der unglaublich kurzen Zeit von sieben Tagen die »grundlegende Beseitigung aller ›negativen‹ Eigenschaften eines Menschen durch Kontaktaufnahme mit seinem spirituellen Selbst« versprach. Der chilenische Psychiater Claudio Naranjo wurde zitiert: »Der Hoffman Quadrinity Process ist die beste Methode für eine Neuorientierung in der Beziehung zu den Eltern, die ich kenne, und viel umfassender – ein mächtiges Werkzeug für die Entfaltung der Liebe für sich und andere. Wenn man eine Methode schaffen wollte als Synthese aller therapeutischen Richtungen – psychodynamische, transpersonale, humanistische und verhaltenstherapeutische –, könnte man schwerlich ein besseres Ergebnis vorlegen als Hoffmans

Quadrinity Process ...« Die namhafte Familientherapeutin Virginia Satir, mir wohlbekannt aus meiner eigenen Ausbildung in Familientherapie, sagte dazu: »Die meisten von uns sind mit der Macht der Botschaften vertraut, die wir in unserer Kindheit erhalten und die uns sagen, wie wir unser Leben zu leben haben, lange bevor wir es selber wissen können ... die Wirkung dieser Botschaften ist oft die, dass sie unser heutiges Leben verunstalten. Die unvermeidliche Frage taucht auf: Gibt es irgendetwas, was wir tun können, um diese Botschaften zu ändern und bessere Führer für uns selbst zu werden? Hoffmans unkonventionelle Arbeit hat viel mit dieser Frage zu tun.«

Meine Neugier war geweckt und der Leidensdruck groß genug, um das Risiko einzugehen und mich anzumelden. Ich hatte nichts zu verlieren, außer einer Stange Geld, denn das Ganze war nicht gerade billig.

Tatsächlich stellte sich heraus, dass das Geld hervorragend angelegt war, denn diese Woche hat mein Leben und meine Arbeit grundlegend verändert. Ohne das Werkzeug des »Recycling«, das ich dort kennen lernte, hätte sich diese Methode der Muster-Transformation nicht entwickeln können. Sie baut auf dieser Grundlage auf.

Ich erlebte dort am eigenen Leibe, dass wirkliche Veränderung möglich war – und das in so kurzer Zeit! In der Tiefe versöhnt mit meinen Eltern und mir selbst, strahlend, voller Selbstliebe und auf dem Boden eines neuen und sicheren Selbstwertgefühls kehrte ich zurück in meinen Alltag – und geriet auf der Stelle in ein ziemliches Dilemma. Wie konnte ich meine bisherige, behutsam begleitende therapeutische Arbeit fortsetzen, wenn es doch etwas so viel Effektiveres gab? Es ließ sich nämlich nicht einfach auf meine Methoden übertragen – der Prozess hat einen wahrhaft genialen Aufbau und ist gar nicht anders vorstellbar als genau so, wie er gemacht wird. Die Alternative, selbst Prozess-Lehrerin zu werden, kam für mich nicht in Frage – die häufige Abwesenheit von zu Hause passte nicht in mein Lebenskonzept. Und meine alte Arbeit konnte ich nach den neuen Erfahrungen nicht einfach in der gleichen Form weitermachen. Ich empfahl also zunächst allen meinen Klienten, den Prozess zu absolvieren. Einige taten es – und brauchten mich danach nicht mehr. Andere brachen die Therapie ab, weil sie jetzt nicht mehr mit mir zurechtkamen. Demzufolge war ich eine Weile nahezu arbeitslos und wusste nicht weiter. Mein Energie-Niveau sackte allmählich ab und die alten Muster kamen wieder durch. Also war der Prozess doch umsonst gewesen, alles leere Versprechungen?

In dieser Zweifel- und Verzweiflungsphase bekam ich Besuch von einem anderen Teilnehmer meines Prozesses. Er schrieb zusammen mit seiner Frau gerade ein Buch über »unseren« Prozess[5] und war entsprechend »gut drauf«. Als er mich in meinem Rückfall erlebte, war seine erste Frage: »Recycelst du noch?« Kopfschüttelnd meinte ich: »Damit komme ich nicht mehr zurecht, es funktioniert nicht mehr bei mir, irgendwie ist es zu intellektuell!« Er gab mir ein paar neue Tipps und ermutigte mich sehr, wieder damit anzufangen. Seiner Meinung nach war das »Recycling« so etwas wie die Quintessenz des ganzen Prozesses, jedenfalls aber das Werkzeug, welches den Erfolg des Prozesses aufrechterhalten und sogar weiterführen konnte. Später zeigte mir Carmel Lee Paul, eine Leiterin des Quadrinity-Instituts in Österreich[6] (wo ich übrigens auch »meinen« Prozess im Beisein von Bob Hoffman absolviert hatte), eine weitere Möglichkeit, die den Schwerpunkt der

Methode vom intellektuellen Erkennen auf sinnlich-gefühlshaftes Erleben verschob. Und da hatte ich meinen Durchbruch: Ich erlebte, fühlte, spürte bei meinem nächsten »Recycling« endlich wieder die Qualität meines spirituellen Selbst, welches mir im Prozess vertraut geworden war und das ich schon fast wieder verloren hatte. Ab jetzt »recycelte« ich wieder regelmäßig – viele Muster hatten sich zurückgemeldet und wollten bearbeitet werden. Allerdings fehlte mir immer noch die Übertragungsmöglichkeit auf meine Arbeit mit Klienten. »Recycling« basiert auf Erfahrungen, die man nur im Quadrinity-Prozess machen kann.

Es brauchte viele Versuche, bis mir irgendwann eine Erkenntnis über die »alchimistischen« Grundprinzipien des Verfahrens »zufiel«. Danach konnte ich die einzelnen Schritte in solche Bilder übersetzen, die auch ein Nicht-Absolvent des Quadrinity-Prozesses verstehen und handhaben konnte. Ab diesem Zeitpunkt begann ich, in Einzelsitzungen und in Gruppen damit zu arbeiten und eine Fülle von Erfahrungen zu machen. Mehr und mehr kristalisierte sich heraus, welche Bedingungen erfüllt sein mussten, damit ein Muster kraftvoll und dauerhaft verwandelt werden konnte.

Eines Tages tauchten bei drei verschiedenen Klienten während der Umwandlung (die in Form einer angeleiteten Phantasiereise erfolgt) Pflanzen auf, die ich von den Bach-Blüten her kannte. Das machte mich neugierig, und ich besorgte mir Informationen über diese Essenzen. Ich war völlig verblüfft, als ich las, welche Seelenkonzepte im blockierten oder transformierten Zustand die in der Bach-Blüten-Therapie verwendeten Pflanzenessenzen verkörperten. Die Übereinstimmung zu den Mustern (= blockierter Zustand) meiner Klienten und ihrer in der Imagination neugewonnenen

Seinsqualität (= transformierter Zustand) war unübersehbar. Auf einmal wurde mir klar, dass die während der jeweiligen Imagination auftauchenden Pflanzen genau die Heilwirkung hatten, durch die die neue Lebensqualität erfahrbar wurde. Das Überraschende daran war, dass jeder Mensch dieses Wissen offenbar in sich trägt und mit Hilfe der Imagination einfach Anschluss daran finden konnte. Das hat sich während der letzten Jahre immer mehr bestätigt, wobei inzwischen Informationen über fast alle, mittlerweile weltweit hergestellten Blütenessenzen zur Verfügung stehen.[7] Dank meiner jetzt geweckten Neugier bezüglich dieser Phase des Transformationsprozesses wurden dann auch die Beziehungen zu anderen alternativen Heilverfahren offenbar: Die Wirkungen von Edelsteinen[8], Farben, Aura-Soma[9] und sogar von »Tieren der Kraft«[10] begannen mehr und mehr eine Rolle zu spielen.

Während der letzten sieben Jahre hat sich die Methode des »Realighting®« immer mehr vertieft und verfeinert. Die »Langform« enthält zusätzlich zum alchimistischen Umwandlungsprozess auch einen psychotherapeutischen Teil, in dem die persönliche Entstehungsgeschichte des Musters erfahrbar wird. Es geht dabei auch um die Heilung der inneren Kinder in der damaligen Notsituation (und zwar des eigenen und auch desjenigen Kindes, was Vater oder Mutter einmal war). Daraus ergibt sich ein neues Verständnis für die eigene Geschichte und die der Bezugspersonen.

Zuletzt wurde eine CD mit der von mir gesprochenen Übungsanleitung hergestellt, wie sie auch in diesem Buch abgedruckt ist (siehe Seite 66 ff.). Sie kann für viele Menschen den Zugang zu der Imagination und das konkrete Tun sehr vereinfachen. Eine musikalische Untermalung ermöglicht zum Beispiel auch eine intensivere »Lichterfahrung«. Die CD ist so programmiert, dass Sie jeweils Ihren ganz eigenen Transformations-Prozess zusammenstellen können. Zwischen der Kurz- und der Langform gibt es nämlich durchaus noch weitere Variationsmöglichkeiten ...

Sie können diese CD direkt bei der Autorin bestellen (siehe Seite 219).

3 Was sind »Muster«?

> Wyr sindt der metall anfang und erste natur/
> Die kunst macht durch uns die höchste tinctur.
> Keyn brunn noch wasser ist meyn gleych/
> Ich mach gesund arm und reych.
> Und bin doch jzund gyftig und dötlich.
>
> *Rosarium Philosophorum*[11]

Die Ursubstanz, von der die Alchimisten berichten, also das Material, aus dem sich mit Hilfe der »Kunst« Gold oder der Stein der Weisen oder das Lebenselixier herstellen lässt, wird übereinstimmend als leicht zu finden und überall vorhanden geschildert. Im obigen Zitat wird klar, dass die »höchste Tinctur« zu Beginn »gyftig und dötlich« ist. »Der Stoff, der das göttliche Geheimnis enthält, ist überall, auch im menschlichen Körper. Morenius sagt zu König Calid: Denn dieses Ding wird aus dir herausgezogen: du bestehst aus seinem Stoff, in dir findet man es ...«[12]

Im Sinne meines Ansatzes gehe ich davon aus, dass diese »Ursubstanz« auf der psychischen Ebene die Schattenseiten des Menschen meint, die ich im Folgenden als *Muster* bezeichne. Solche Muster sind tatsächlich überall und in jedem Menschen reichlich vorhanden und, solange sie aktiv sind, tatsächlich giftig, wenn nicht sogar tödlich (auch Selbstmord und Mord gehen auf das Konto von entsprechenden Mustern). Diese Schattenqualitäten sind aber bei entsprechender Behandlung, wie die Erfahrung zeigt, der direkteste Zugang zum inneren

Licht, zum göttlichen Anteil unseres Selbst, zur gesuchten »höchsten Tinktur«, dem »Stein der Weisen« oder dem inneren »Gold«.

Es gibt keinen Bereich unseres Lebens, der nicht von Mustern geprägt ist. Sie bestimmen unsere Realität bei weitem mehr, als wir uns anfänglich vorstellen können. Muster, das heißt reflexartige Gefühls-, Verhaltens- und Denk-Reaktionen, werden durch bestimmte Signale ausgelöst und haben den Effekt, dass immer jemand darunter leidet – ich selbst oder mein Gegenüber. Diese überwiegend unbewusst ablaufenden Reaktionen sind willentlich nicht steuerbar, sie verschwinden auch dann nicht, wenn die Ursache für dieses Verhalten bewusst geworden ist und eine Einsicht in die Unangemessenheit besteht. Obwohl man sich vorgenommen hat, seine Kinder nie zu schlagen, rutscht in Stressmomenten dann doch die Hand aus. Obwohl man weiß, dass der Chef oder der Professor auch nur ein Mensch ist, wird man in seiner Gegenwart ganz klein und fühlt sich dumm oder blockiert. Obwohl klar ist, dass die Zuhörer einen nicht fressen werden, sondern interessiert sind, ist man zu Beginn eines Vortrags ganz aufgeregt, hat »Lampenfieber«. Obwohl Mann oder Frau sich sehr darauf gefreut hat, den Partner nach längerer Abwesenheit endlich wieder zu sehen, findet man an ihm/ihr sofort etwas zum Aussetzen und Nörgeln – und die ganze Wiedersehensfreude ist vergällt ...

Diese Beispiele ließen sich unendlich fortsetzen. Gemeinsam ist allen, dass eine reflexartige Reaktion, eben das »Muster«, einen »hat« und man diesem Gefühl oder Verhalten ausgeliefert ist, auch wenn man dagegen ankämpft und weiß, dass es »falsch«, das heißt nicht angemessen ist. Es hat einen sozusagen »der Teufel geritten«. Sein Kind ohrfeigen oder Geschirr nach dem Partner werfen oder sich beleidigt zurückziehen und kein Wort mehr mit dem scheinbaren Verursacher der Verletzung zu sprechen ist nicht gerade förderlich für eine liebevolle Beziehung oder die Lösung von Problemen.

Die deutlichsten Kennzeichen für ein ausgelöstes Muster sind:
(a) das Reflexhafte, Zwanghafte an der Reaktion; es steht keine andere Verhaltensmöglichkeit zur Verfügung;
(b) die Unangemessenheit in der realen Situation, das heißt, etwas an diesem reflexhaften Verhalten ist entweder zu viel oder zu wenig, man reagiert zu heftig oder zu lasch, und
(c) ein irgendwie unangenehmes Gefühl. Entweder leidet man selbst unter der eigenen Handlungsweise oder man fügt jemand anderem damit Leid zu.

Meistens leiden alle Beteiligten, weil »gemustertes« Verhalten natürlich auch beim Gegenüber wieder gemuster te Reaktionen hervorruft. So schaukeln sich kleine Missverständnisse zur heftigen Beziehungskrise oder zum Teamkonflikt hoch. Alle brauchen danach eine Erholungszeit, ehe sie wieder aufeinander zugehen können. Und mit jeder Situation wird es schwieriger, sich wieder offen zu begegnen. Es entstehen »Spiele«, Schutz-, Verteidigungs- und Angriffsstrategien, die das lebendige Wachstum miteinander verhindern.

Solange man noch mit seinen Mustern identifiziert ist, erlebt man »gemusterte« Reaktionen als zum eigenen Charakter gehörend oder als ganz normales, menschliches So-Sein. Man ist eben so »dünnhäutig« und »hat so dicht am Wasser gebaut«, dass einem schnell die Tränen kommen und man leicht »verletzt« ist. Man ist eben »cholerisch« und muss »lospoltern« (Beispiele für »zu heftig« reagieren). Man ist eben »phlegmatisch« und kann sich »nicht aufraffen«, die Steuererklärung zu bearbeiten – man »schiebt« zu erledigende Sachen bis auf den letzten Drücker »vor sich her«. (Beispiel für »zu lasch« reagieren. Eine gute Vorstellung von »zu lasch« gibt der Zeitgenosse, der da, wo er sich eigentlich kümmern sollte, nur die Schultern zuckt und »was soll's« murmelt, also »wurschtig« reagiert.) Und man ist »zu Recht« »beleidigt« oder »gekränkt«, weil man sich vom Partner oder am Arbeitsplatz »ungerecht behandelt« oder »kritisiert« fühlt. Oder man ist eben so »schreckhaft«, dass man zusammenfährt, wenn plötzlich jemand hinter einem steht oder es einen »durchfährt«, man könne den Herd angelassen haben.

All die »apostrophierten« Ausdrücke sind in Wirklichkeit gemusterte Reaktionen, die aus einer eingeschränkten Sichtweise der Realität und mangelndem Angeschlossensein an die eigene Mitte hervorgerufen werden. Vielleicht können Sie sich schon jetzt vorstellen, dass es niemandem gelingen würde, Sie zu verletzen, nicht einmal absichtlich, wenn Sie ganz bei sich und vollkommen in Ihrer Mitte wären, also im Kontakt mit Ihrer wahren Seins- oder Wesensqualität. Möglicherweise wären Sie einfach erstaunt und könnten Ihr Gegenüber mitfühlend fragen, was denn los ist, ob es ihm vielleicht nicht gut geht, weil er sich so verhält. Jedenfalls würden Sie es nicht persönlich nehmen. Wenn aber der andere einen Klingelknopf bei Ihnen drückt oder eine noch offene Wunde berührt, dann »springen Sie an«, nehmen es sehr persönlich und reagieren entsprechend reflexhaft.

Der dritte Hinweis (c), dass es sich um ein Muster handelt, ist das Leid, welches ein Muster verursacht. Anfänglich ist es oft leichter, diejenigen Muster zu erkennen und umzuwandeln, unter denen man selbst leidet, wie zum Beispiel gekränkt, verletzt oder beleidigt sein. Manchmal trägt man Schicht um Schicht dieser »Erleidensmuster« ab, bis man auf einmal bereit ist zu entdecken, dass man nicht nur ein Opfer seiner Umgebung, sondern sehr wohl auch ein Täter ist, der andere (ohne es zu wollen) ungerecht, ungeduldig und verletzend behandelt.

Jede Situation, die eine gewisse Ähnlichkeit mit einer real erlebten Kindheitsszene hat, enthält Signale, die die alten Reaktionsformen auslösen. Besonders »musterträchtig« sind Lebenssituationen, die in irgendeiner Form Abhängigkeiten beinhalten, sei es in Beziehungen, am Arbeitsplatz oder dort, wo es irgendwie um Leistung und »Gut-dastehen-Wollen« geht (z.B. im Straßenverkehr, weil man an jeder Ampel der Durchstarter sein muss, oder sich maßlos darüber aufregt, wenn man sich durch einen anderen Autofahrer irgendwie behindert fühlt). Die Beispiele aus dem Straßenverkehr zeigen, dass diese Reaktionen durchaus lebensgefährlich sein können. In jedem Fall fügen sie Schaden oder Leid zu, einem selbst oder den anderen Personen, die an solch einer Konstellation beteiligt sind.

Therapeuten und Menschen, die mit anderen arbeiten, können vom Realighting® ebenfalls besonders profitieren. Das bekannte Phänomen der »Gegenübertragung« lässt sich in meinem System einfach als Muster definieren, die vom Klienten/Patienten im Therapeuten ausgelöst werden.

Die Auflösung dieser Gegenreaktionen beim Helfer ist wichtig, wenn die Therapie gelingen soll. Daher arbeiten gute Therapeuten ein Leben lang an sich selbst, machen Supervision und suchen Balint-Gruppen auf, um ihren eigenen Reaktionen besser auf den Grund zu kommen und um sich weiterentwickeln zu können. Die Transformation der Muster, die in Therapien ausgelöst werden (Übertragung und Gegenübertragung), würde die Behandlung sehr erleichtern und beschleunigen.

Es ist wichtig zu verstehen, dass die Muster wirklich nur durch ein entsprechendes Signal aktiviert werden. Bis dahin »schlafen« sie, sie sind inaktiv wie eine Mine oder Zeitbombe; man hat keine Ahnung, dass man dieses Muster überhaupt hat, bis es zufällig ausgelöst wird. Dabei spielt der Kulturkreis, in dem man lebt, durchaus eine Rolle: Je ähnlicher er dem ist, in dem man aufwuchs, desto mehr Muster werden reaktiviert.

An einem meiner Seminare nahm eine Frau teil, die einen Brasilianer aus dem dortigen Mittelstand geheiratet hatte und die dort mit seiner Großfamilie zusammenlebte. Sie berichtete sehr nachvollziehbar, dass sie in Brasilien viele ihrer Muster gar nicht erlebt, weil der Umgang miteinander und die dortigen Sitten so verschieden von ihrer Kindheitssituation in Deutschland sind, dass nur wenige Signale »passen«. Sobald sie aber deutschen Boden betritt (und das fängt schon im Zug an, wenn sie einen Schreck kriegt, sobald der Schaffner ins Abteil kommt), werden die Muster reihenweise ausgelöst. Der Schluss liegt also nahe, dass man sich auch deshalb im Urlaub in fremden Ländern so wohl und entspannt fühlt, weil nicht so viele Muster aktiviert werden. Dabei spielt sicherlich auch eine Rolle, dass man im Urlaub weniger unter Stress steht. Ein höheres Energieniveau erschwert nämlich die Auslösung von Mustern. Je weniger Energie zur Verfügung steht, desto leichter und schneller werden die Muster an die Oberfläche kommen.

Man kann davon ausgehen, dass es letztlich nur zwei innere Grundhaltungen gibt: die eine ist Liebe und die andere ist Angst.[13] Ist man in der Haltung der Liebe anwesend, dann bedeutet das Angeschlossensein an das »Wesen« das wahre Selbst, und in diesem Zustand ist man immun gegen die Auslösung von Mustern. Wenn die Grundhaltung der Angst vorherrscht, ist kein Raum mehr für die Liebe. Man wird so eng in dem Bemühen, äußere Sicherheit zu finden und sich daran festzuhalten, dass man nur noch reflexartig auf die Bedrohung dieser scheinbaren Sicherheit reagieren kann. Man ist prädestiniert für das Hervorrufen von Mustern.

In »Emanuels Buch«[14], einem meiner liebsten »gechannelten« Bücher, findet sich eine treffende Aussage über Angst und Liebe:

»Angst ist einer der größeren Ecksteine des karmischen Gebäudes. Sie spricht zu dem Zweifel gegenüber der ewigen Liebe. Sie ist ein Zweifel an euch selbst. Sie ist eine extreme Perversion von Wahrheit, Licht und Liebe, und genau darum geht es in eurer Welt – um die Heilung extremer Verzerrungen von Wahrheit, Licht und Liebe. Angst ist ein Pilz, der schnell an dunklen Orten des Bewusstseins wächst. Sie ist die dickste Tür, die das Wort und das Licht Gottes ausschließt. Angst ist der Drache am Tor. Sie ist die Leugnung des Lichts, und eine Leugnung des Lichts ist Widerstand gegen Gott. Sie ist die Lüge, die euch von Gott trennt.«

Das erste Kapitel im Folgeband *Liebe jetzt* heißt: »Die Entscheidung für die Liebe« und beginnt folgendermaßen: »Was flüstert euch die Stimme der Angst zu? Die Angst spricht zu euch voller Logik und Vernunft. Sie nimmt sogar die Sprache der Liebe an. Die Angst sagt: ›Ich möchte euch Sicherheit geben.‹ Die Liebe sagt: ›Ihr seid sicher.‹ Die Angst sagt: ›Gib mir Symbole. Gib mir starre Bilder. Gib mir etwas, an das ich mich halten kann.‹ Die liebende Wahrheit sagt: ›Gib mir nur diesen Augenblick.‹ Die Angst würde euch auf einen engen Pfad führen und euch versprechen, euch dahin zu bringen, wo ihr hinwollt. Die Liebe sagt: ›Breitet die Arme aus und fliegt mit mir.‹ Jeden Augenblick eures Lebens bekommt ihr die Gelegenheit zu wählen – Liebe oder Angst, die Erde zu durchmessen oder euch zum Himmel aufzuschwingen. Warum stellt die Angst sich der Wahrheit entgegen? Weil die Wahrheit die Macht hat, die Angst zu verwandeln, glaubt die Angst, um ihr Leben zu kämpfen.«

Angst ist das erste Gefühl, das ein neuer Erdenbürger beim Geborenwerden erlebt. Nicht umsonst ist der Begriff Angst mit Enge gekoppelt, denn vor der Passage des Fötus zu einem neuen Wesen, einem eigenständigen Menschen außerhalb der Gebärmutter, wird es eng, sehr eng. Nicht nur, dass der Platz innerhalb der Gebärmutter eng geworden ist, die nun beginnenden Wehen pressen das kleine Wesen erbarmungslos zusammen und drücken es gegen den Muttermund, der aber zu diesem Zeitpunkt noch geschlossen ist. Die Zufuhr von Sauerstoff und Nahrung durch die Nabelschnur ist während der Wehen unterbrochen. Das Kind erlebt also reale Todesbedrohung, Todesangst. Diese Angst pervertiert später, indem sie sich an alle Erlebnisse ankoppelt, bei denen es um irgendeinen Schritt in eine »neue« Erfahrung geht. Das betrifft dann eben nicht mehr nur die »großen« Übergänge im Leben (wie z.B. die Pubertät, die Wechseljahre oder Midlife-Crisis, das Sterben), sondern jede Situation, in der man eine neue Erfahrung machen kann.

Die bei der Geburtserfahrung entstandene Angst (insbesondere vor Schmerz) ist im späteren Leben dann »gemustert« oder pervertiert, wenn es sich nicht mehr um das natürliche Gefühl handelt, das nichts anderes will, als uns aufzuwecken: »He, pass jetzt auf, hier kommt was Neues! Sei ganz wach und achtsam, schau genau hin.« Es muss sich dabei also nicht automatisch um eine Gefahrensituation handeln. Die Angst als Muster macht uns nicht wach, sondern im Gegenteil, sie lähmt uns, hypnotisiert, nimmt uns den Atem, macht handlungsunfähig. Wir verbinden die Angst mit Schmerz und Gefahr und wollen dieses furchtbare Gefühl möglichst vermeiden. So werden manche Menschen zum Beispiel wütend oder fangen an zu weinen, um ihre Angst nicht spüren zu müssen.

»Jeder menschliche Gedanke und jede menschliche Handlung gründet sich entweder auf Liebe oder auf Angst. Es gibt keine andere menschliche Motivation, und alle anderen geistigen Vorstellungen leiten sich aus diesen beiden ab. Sie sind einfach verschiedene Versionen, verschiedene Abwandlungen desselben Themas.«[15]

Man könnte es also so sehen, als ob die Angst die Basis für die anderen »negativen« Grundmuster wie Schmerz (Trauer), Wut und Rachsucht, Schuld und Scham sowie Resignation bildet. All diese Grundgefühle, die wiederum eine Vielzahl von Einzelmustern beinhalten, verdecken unser inneres Licht und vergiften unsere Liebe. Das Bild vom Liebeskelch[16] mag dies verdeutlichen.

Die Muster lagern sich also, bildlich gesehen, in dicken Schichten über der zugrunde liegenden Liebe ab wie ein dichter Ölteppich über dem Meer. Wenn der Ölteppich geschlossen ist, wird die Lebendigkeit und Liebe darunter erstickt. Die Liebe selbst steht hier natürlich auch für eine Art Oberbegriff, der sehr viele differenzierte Gefühle und Haltungen der Liebe umfasst: alle Seinsgefühle, die beim Realighting® entstehen können! Man kann eine Ahnung bekommen, um was es sich dabei handelt, wenn man sich einmal die Begriffe auf den »Engelkarten«[17] anschaut: zum Beispiel Mitgefühl, Freude, Anmut, Frieden, Zärtlichkeit, Fülle, Offenheit, Hingabe, Ausgeglichenheit etc.

Jedes Grundmuster, das auf der zugrunde liegenden Angst beruht, beinhaltet ebenfalls eine Fülle von gemusterten Gefühlen und Reaktionen – Einzelmuster, die durch bestimmte Signale in der Außenwelt ausgelöst werden. So gibt es zum Beispiel sehr viele spezifische Ängste wie Angst vorm Fliegen, Höhenangst, Angst in geschlossenen Räumen, Angst, vor Menschen zu sprechen, Angst, dass etwas Schlimmes passiert, Angst vor Krebs, Angst, zu versagen, Angst, abgelehnt zu werden, Existenzangst, Panik und so weiter.

Auch das Grundmuster Wut könnte man etwa so aufgliedern: wütend, zornig, entrüstet, böse, erbittert, aufgebracht, aggressiv, fuchsteufelswild, jähzornig, grimmig, erregt sein, sich ärgern, in Rage kommen, auf die Palme gehen, grollen, sich empören, hassen etc. (weitere Beispiele siehe Seite 158 ff.).

Leider kann man nicht einfach die Überbegriffe oder Grundmuster bearbeiten, so dass alle darin enthaltenen Einzelmuster direkt mit »erledigt« wären. Kraftvoll und dauerhaft erweisen sich nur die kleinen Schritte. Jedes Einzelmuster muss für sich umgewandelt werden.

4 Der Ursprung von Mustern: Die Notsituation des Erwachsenen und das verletzte Kind

»... muss diß Kind, diß tingierende Leben in den Eigenschafften der Natur angefochten, geprüfft und versucht werden; darbey sich denn wieder große Sorge und Gefahr ereignet; ... Denn allhier muss ... diß zarte Kind des Lebens in die Gestalten und Eigenschafften der Natur hinabsteigen, dass es leyden und die Versuchung erdulten und bestehen mag. Es muss nothwendig in die Göttliche Finsternuß, in den finstern Saturnum hinabsteigen, worinnen kein Licht des Lebens gesehen wird: allda innen muss es gefangen gehalten, und mit den Ketten der Finsternuß gebunden werden, und muss von der Speise leben, die ihm der stachlichte Mercurius zu essen geben wird; ... Und allhier siehet der Göttliche Artista in diesem Philosophischen Wercke die erste Farbe, worinne die Tinctur nunmehr in ihrer Schwärtze erscheinet, es ist die schwärtzeste Schwärtze, ... oder auch die gesegnete und seelige Schwärtze; denn in der Finsternuß dieser Schwärtze ist in Saturni Eigenschafft das Licht der Lichter verborgen; und in diesem Gifft und Galle ist im Mercurio die allerköstlichste Artzney wider den Gifft, das Leben des Lebens, verborgen: Und im Grimm oder Zorne und Fluche Martis ist die gesegnete Tinctur verborgen.«

John Pordage (1607 – 1681)[18]

In den Texten der Alchimisten wird deutlich, dass die »Schwärtzung« notwendig zum Prozess dazugehört. Genau in dieser »Finsternuß« ist das göttliche Licht verborgen. Tatsächlich ist der »Schatten« nichts anderes als das Licht in der Form dessen, was es verstellt (häufiges Zitat von Karlfried Graf Dürckheim). Der Schatten des Baumes ist also eigentlich das Licht in der Form des Baumes, der das Licht verstellt – oder: der im Licht steht.

Die Entstehung von Mustern (östliche Religionen würden es vielleicht Karma nennen) – als Schattenqualitäten – muss also sein, damit wir das göttliche Licht darin, die Qualität unseres höheren Selbst überhaupt wahrnehmen und wiederfinden können. Tatsächlich *ist* unsere Seele dieses Licht und wir sind in jedem Moment von diesem Licht umgeben. Es ist wie bei einem Fisch im Ozean, der so lange kein Bewusstsein darüber hat, was »Ozean« ist, bis er auf einmal ins Netz geht und aus dem Wasser herausgehoben wird. Erst jetzt, wenn er zappelnd und japsend auf Deck liegt, weiß er, was ihm fehlt, weiß er, was Wasser, sein Lebenselement, überhaupt ist. Bei dieser Methode hier – wie bei den Alchimisten – ist jedenfalls der Schatten der direkteste Weg zum Licht. In der Schwärze des Saturn, also in der Depression und Angst, ist das Licht der Lichter verborgen, in Gift und Galle des Merkur, also unserem negativen Intellekt, findet sich das Leben des Lebens, und in den Mars-Eigenschaften Grimm, Zorn und Fluch ist die »gesegnete Tinctur« verborgen (s.o.).

Muster fallen als solche nicht vom Himmel. Zunächst ist der Mensch (Erwachsener oder Kind) mit einer Situation konfrontiert, die ein Verhalten erfordert, das dieser Situation durchaus angemessen ist. Zum Muster wird dieses Verhalten erst dann, wenn die ursprünglich stimmige Reaktion beibehalten wird, obwohl die äußeren Bedingungen sich längst verändert haben.

Nehmen wir das Beispiel »Geiz«. Es ist leicht vorstellbar, dass dieses Muster ursprünglich nichts anderes war als überlebensnotwendige äußerste Sparsamkeit in einer Notsituation. Wir brauchen in den Generationen nicht weit zurückzugehen, um zu sehen, dass unsere Eltern oder Großeltern Kriegszeiten und eventuell auch Vertreibung und Flucht erleben mussten. Wenn da der wenige, zur Existenzerhaltung nötige Besitz sorgsam oder auch ängstlich zusammengehalten wurde, dann war dies der äußeren Realität angemessen. Wird später diese Haltung aber nicht aufgegeben, selbst wenn die Verhältnisse sich geändert haben und man längst wieder in der Fülle lebt, dann entwickelt sich diese Sparsamkeit zum Geiz, und wir können von einem »Muster« sprechen.

Es kann auch sein, dass Erwachsene ihr Verhalten eines Tages entsprechend verändern können, da ihnen die Zusammenhänge bewusst sind, deren Kinder jedoch, die diese Handlungsweise bereits übernommen haben, können es nicht! Sind sie dann erwachsen geworden, lässt sich für sie also nicht einmal mehr nachvollziehen, warum jede Situation, in der es irgendwie um »Hergeben« geht, diesen automatischen Reflex von »Zusammenhalten« und »Enge« hervorruft. Da ein Muster immer durch spezifische Signale im Außen ausgelöst wird, ist es sogar möglich, dass man in großen Dingen (z.B. wertvollen Schmuck verschenken) sehr großzügig sein kann, in kleinen aber, wenn es beispielsweise ums Essen geht, extrem kleinlich reagiert und pingelig aufpassen muss, dass man ja nicht »zu kurz kommt«. Wir könnten daraus schließen, dass es in der Ursprungssituation wirklich um die Angst zu verhungern ging. Kostbarer Schmuck spielte damals dagegen keine Rolle, war vielleicht sowieso nicht vorhanden, so dass man wertvolle Juwelen jetzt leicht verschenken kann, ohne dass das Geiz-Muster fühlbar wird.

Die Grundlagen für Muster werden immer in Notsituationen gelegt. Das gilt auch für Kinder. Wenn ein Kind zum ersten Mal ein Verhalten zeigt, welches wir beim Erwachsenen als Muster diagnostizieren würden, handelt es sich immer um eine realitätsangemessene Reaktion des »verletzten« Kindes. Das heißt, dass das Kind in diesem Moment insofern in einer Notsituation ist, als dass es sich in diesem Augenblick besonders ungeliebt, unverstanden oder ungeschützt fühlt. Wir sprechen deshalb beim Kind auch nicht von Mustern (die transformiert werden können), sondern von »Verletzungen«, die geheilt werden sollten (was wir bei der Langform des Realighting® auch tun!).

Wenn der Vater zum Beispiel ein jähzorniger und unberechenbarer Mann ist, dann ist es absolut verständlich und vielleicht sogar auch lebensnotwendig, wenn das Kind versucht, sich vor ihm möglichst unsichtbar zu machen und zu verschwinden, sobald der Vater auftaucht. Wir sprechen erst dann von einem Muster, wenn dieser Reflex auch im Erwachsenenalter – wenn man längst auf eigenen Füßen steht, also nicht mehr abhängig ist – beibehalten wird und man jedesmal zusammenschrumpft, wenn einem ein Mann mit einer dem Vater ähnlichen Ausstrahlung begegnet.

In der analytischen Therapie könnte man dieses Verhalten dann aus der Entstehungsgeschichte mit dem Vater erklären und verstehen. Beim Realighting® haben wir einen anderen Blickwinkel. Wir sagen nicht, »ich bin so ängstlich, weil ich einen gewalttätigen Vater hatte«, sondern wir schauen darauf, welche Bezugsperson unserer Kindheit die gleiche Angst-Reaktion gezeigt hat, wer uns also vorgelebt hat, klein und hilflos zu werden, wenn Vater aufbrauste. Möglicherweise finden wir heraus, dass die Mutter sich so verhalten hat. Dann war sie unser Vorbild, und wir haben das Muster von ihr übernommen, weil auch sie angstvoll auf ihren Mann (und wahrscheinlich in ihrer eigenen Kindheit auf ihren Vater) reagiert hat. Wir haben ihr Verhalten kopiert!

Hätte die Mutter uns etwas anderes vorgelebt, wie zum Beispiel selbstbewusst, kraftvoll, klar und liebevoll mit Vater umzugehen, wenn er ausrasten musste, das heißt, wenn sie selbst in dieser Situation »ungemustert« gewesen wäre, dann wäre die Atmosphäre in der Familie eine gänzlich andere gewesen. Wir hätten als Kind ein Modell gehabt, wie man auf Aggression auch anders reagieren kann. Folglich wären auch wir selbst nicht ängstlich und klein geworden, denn diese Mutter hätte sich gewiss schützend vor uns gestellt, wenn der Vater Wutanfälle gehabt hätte (die vermutlich bei solch einer ihm gewachsenen Frau ohnehin hinfällig gewesen wären ...).

Mehr zur Musterübernahme, also dazu, wie und warum wir unsere erwachsenen Bezugspersonen kopieren, erfahren wir im nächsten Kapitel.

Zusammenfassend kann gesagt werden, dass spätere Muster in der jeweiligen Entstehungssituation meist durchaus realitätsangemessene Reaktionen waren. Man kann dieses Verhalten und die damit verbundenen Gefühle verstehen, wenn man in die Vergangenheit zurückschaut und die Umstände realisiert, in denen ein Mensch sich zum ersten Mal genauso gefühlt oder verhalten hat. Es wird klar, dass es sich immer um eine Notsituation gehandelt hat. Beim Kind kommt noch hinzu, dass das bereits vorhandene Vorbild eines Erwachsenen die ausschlaggebende Rolle dabei spielt, wenn das Kind ausgerechnet auf diese Art zu fühlen oder sich zu verhalten beginnt. In unserer Arbeit verfolgen wir bei der Langform des Realighting[®] die Entstehungsgeschichte jedes Musters bis in die Kindheit von Vater oder Mutter zurück und heilen die damaligen verletzten Kinder innerhalb der entsprechenden Situation. Dieses Vorgehen bewirkt auch ein neues Verständnis für die Eltern. Man kann dann zutiefst begreifen, wie ihre Muster entstanden sind und warum sie deshalb als Erwachsene nur eingeschränkt liebesfähig waren.

5 Die Übernahme von Mustern in der Kindheit: Wie, warum und von wem?

*Ihr habt für eure Kindheit die Umgebung gewählt,
die der wirkungsvollste Katalysator war,
um die Verzerrungen, die ihr in diesem Leben
aus freien Stücken bearbeiten wolltet,
ins Zentrum zu rücken.*

Emanuel[19]

Muster sitzen tief. Sie werden in der frühen Kindheit (Mutterbauch bis Beginn der Pubertät) geprägt, indem sie von den erwachsenen Bezugspersonen, den Eltern oder anderen Personen, bei denen das Kind aufwächst, übernommen/kopiert werden. Aber auch durch Rebellion gegen die Eltern entstehen gewohnheitsmäßige Reaktionsformen, die sogar noch mehr Lebensenergie kosten als ein direkt übernommenes Verhalten. Wenn es nicht gelingt, diese Muster aufzulösen, werden sie an die nächste Generation weitergegeben – ähnlich wie die Sünden der Väter, die laut Bibel bis ins siebente Glied vererbt werden ...

Es gelangen inzwischen auch Forschungsergebnisse an die Öffentlichkeit, die die Weitergabe seelischer Störungen in der Familie belegen. So erschien am 2.10.1996 in der *Süddeutschen Zeitung* ein Artikel mit dem Titel »Machen seelisch kranke Eltern ihre Kinder krank? – Auch psychische Störungen werden an die nächste Generation weitergegeben«. Es handelt sich hierbei um eine Berichterstattung vom Münchener Kongress der Deutschen Gesellschaft für Psychologie, bei dem verschiedene Forschungsprojekte[20] vorgestellt wurden, die eindeutig nachweisen, dass »das Risiko von Kindern, mit einem angstgestörten Elternteil als Erwachsene selbst ein solches Leiden zu entwickeln, gegenüber nicht vorbelasteten Kindern um mehr als das Doppelte erhöht ist«. »Der einfachste Mechanismus, durch den die Angstproblematik von den Eltern auf deren Kinder übertragen werden könnte, ist das so genannte Lernen am Modell.« »Eine weitere Gefährdung entsteht durch die Übernahme problematischer elterlicher Einstellungen und Werte: Die Dresdner Arbeitsgruppe referierte Hinweise darauf, dass Kinder bereits sehr früh irrationale und im Falle der Angststörung krank machende Überzeugungen ihrer Eltern, wie zum Beispiel ›Herzklopfen ist Vorbote einer gefährlichen Krankheit‹, übernehmen.«

Warum aber übernehmen wir die Muster unserer Bezugspersonen und verlieren damit den Zugang zu unserem wahren Selbst, zu unserem inneren Licht?

Jedes neugeborene Kind bringt ein tiefes inneres (archetypisches) Wissen darüber mit, was bedingungslose Liebe ist und wie sie sich anfühlt. Ein Kind erwartet einfach – zu Recht –, dass es rückhaltlos liebend und wertschätzend in die Arme geschlossen und willkommen geheißen wird.

Da die Eltern selbst aber diese Qualität nie erfahren haben – irgendwie scheint bedingungslose Liebe in unserer Zivilisation verloren gegangen zu sein –, können sie dieses Gefühl auch nicht weitergeben. Sosehr sie ihr Kind, ihr Ein und Alles, auch lieben, ihre Liebe unterliegt Bedingungen, ist von Erwartungen und Ängsten gefärbt.

»Oh Gott, sie hat rote Haare – sie wird doch nicht so werden wie deine Mutter!« – »Schon wieder ein Mädchen – diesmal hätte es schon ein Junge werden können!« – »Endlich ein Sohn! Die Nachfolge im Familienunternehmen ist gesichert!« Und so weiter. Die Erwartungen können sehr subtil sein, vielleicht einfach nur, dass das Kind hübsch und intelligent wird, was ja ein guter Wunsch ist, aber das Kind erlebt auch dies als Einschränkung der Liebe. »Aha, ich werde also nicht genauso geliebt, wie ich bin – also stimmt mit mir wohl was nicht?!« Noch schlimmer wirkt es sich natürlich aus, wenn das Kind tatsächlich ungelegen kommt und abgelehnt wird.

Das Kind kann nicht wahrnehmen, dass seinen Eltern (oder anderen wichtigen Bezugspersonen) etwas fehlt, es schließt sofort auf eigenes Ungenügen. Und da es die Liebe so dringend braucht, wirklich zum Überleben braucht, wird es beginnen sich anzustrengen, um geliebt zu werden. Es ist naheliegend, dass Kinder beginnen, ihre Eltern zu kopieren, in der Hoffnung, dann endlich geliebt zu werden, wenn sie genauso sind wie diese.

Was aber passiert, wenn Eltern sich im Spiegel ihrer Kinder sehen? Insbesondere, wenn das Kind etwas spiegelt, was der Erwachsene an sich selbst ablehnt oder nicht wahrhaben will? Natürlich wird dieses Verhalten dann auch beim Kind abgelehnt oder sogar bestraft. Nun setzt ein Teufelskreis ein. Das Kind folgert aus der Bestrafung, dass es eben noch nicht gut genug war und verstärkt die übernommene Verhaltensweise – um dann erneut bestraft oder abgelehnt zu werden. An irgendeinem Punkt, wenn das Kind merkt, dass alle Anstrengung im *Nachahmen* der Eltern nicht die ersehnte Liebe bringt, wird es *rebellieren* (bevorzugt in der Trotzphase oder der Pubertät) und genau das Gegenteil von dem tun, was die Erwachsenen ihm vorleben. Jetzt wird der Konflikt noch größer. Zusätzlich zum Unverständnis und der Ablehnung der Eltern erfährt das Kind Schuldgefühle und Angst. Im Alter der Trotzphase (ca. 3 Jahre) ist das Kind in seinem Überleben noch absolut abhängig von den erwachsenen Bezugspersonen. Indem es rebelliert, riskiert es, die Liebe und Zuwendung der Eltern ganz zu verlieren und verlassen zu werden. Das verursacht Angst. Das schlechte Gewissen entsteht aus dem Ausscheren, aus dem »Sich gegen die Eltern stellen«. Beides zusammen bringt das Kind zurück in die Anpassung, die wiederum so unbefriedigend ist, dass es bald erneut aufbegehren muss.

Da also alle Versuche fehlschlagen, die benötigte Liebe doch noch zu erhalten, muss das Kind die Überzeugung gewinnen, nicht liebenswert zu sein. Durch all diese Anpassungs- und Rebellions-Versuche verliert das Kind den Kontakt zu seinem wahren Wesen und wird unsicher, wer es wirklich ist. Mangelndes Selbstwertgefühl, fehlende Selbstliebe und große Selbstzweifel sind die Folge.

Neben der Sehnsucht nach Liebe gibt es noch eine zweite Grundmotivation, Muster zu übernehmen. Aus dem Frust und der heruntergeschluckten Wut darüber, die Liebe, die man doch so sehr braucht, einfach nicht zu erhalten, entsteht *Rachsucht*. Diese äußert sich so, dass man die Bezugspersonen dafür bestrafen möchte, dass man sich durch sie schlecht behandelt oder nicht wirklich in seinen Bedürfnissen gesehen fühlt. Man übernimmt also mit Fleiß gerade die Muster, die für die Eltern zum Familien-Tabu gehören: Man wird ein Versager, verfällt einer Sucht, wird kriminell, begeht Selbstmord oder wird »verrückt«. Mit all dem lassen sich jene Menschen, die einen lieben, wirklich treffen. Aber noch viel offensichtlicher ist, dass man selbst eigentlich am meisten darunter leidet.

Rachsucht bedeutet, dass es einem schlecht gehen muss, so dass man den Eltern den Spiegel vorhalten kann, der da sagt: »Seht her, was ihr für Versager seid! Ihr habt es nicht geschafft, einen glücklichen Menschen aus mir zu machen!« Da Eltern sich nichts mehr wünschen als erfolgreiche und glückliche Kinder, trifft sie das tatsächlich; sie machen sich wirklich Sorgen. Später trifft es dann den Partner oder die eigenen Kinder.

Nur: Derjenige, der von der Rachsucht besessen ist, verliert den Boden unter den Füßen, landet im Gefängnis, in der Psychiatrie oder sogar auf dem Friedhof. Das eigene Leben wird viel stärker zerstört als das der anderen, die durch dieses Unglück getroffen werden sollen. Viele Kinder kennen die Phantasie, dass ihnen etwas Schlimmes passiert ist und die Eltern am Grab stehen und weinen, weil sie jetzt endlich kapieren, was sie falsch gemacht und für immer verloren haben. Das Kind wäre jetzt tot – die Eltern aber leben weiter! Auch der bekannte Satz: »Geschieht meiner Mutter ganz recht, wenn ich mir die Hände erfriere – warum zieht sie mir keine Handschuhe an!« trifft den Nagel auf den Kopf. Das Kind müsste unter den erfrorenen Händen und den Schmerzen viel mehr leiden als die Mutter an ihrem schlechten Gewissen. Immer dann, wenn wir »leiden«, ist es angemessen, nach der zugrunde liegenden Rachsucht Ausschau zu halten. Rachsucht ist also einmal eine starke Motivation dafür, »Leidens«-Muster zu übernehmen, und zum anderen selbst eine Art »Übermuster«.

Um das »Wie« der Musterübernahme, also Anpassung oder Rebellion, noch anschaulicher zu machen, hier ein Beispiel: Ist mein Vater ein Geizhals, dann bedeutet Anpassung die direkte Übernahme des Musters: Ich werde ebenfalls geizig. Rebelliere ich aber gegen diese Eigenschaft meines Vaters, weil ich irgendwann in der Kindheit beschlossen habe, dass ich auf gar keinen Fall so werden möchte wie er, dann bin ich leider nicht frei. Ich unterdrücke die Reaktion, die mir mein Vater vorgelebt hat, indem ich ins Gegenteil gehe, wahrscheinlich also ein Verschwender werde. Und das kostet noch mehr Lebensenergie, als das Verhalten einfach zu kopieren. Jedesmal, wenn in einer Situation das Geiz-Muster ausgelöst wird, muss ich es mit aller Kraft beiseite schieben und lebe stattdessen den Gegenpol. Das passiert selbstverständlich unbewusst. Und so kann es denn auch geschehen, dass in Momenten, in denen keine zusätzliche Energie zur Verfügung steht, das eigentliche Muster wieder durchkommt und ich eben doch (ganz unvermutet) geizig reagiere.

Besonders nachvollziehbar wird das an einem zweiten Beispiel, bei dem Muster »Kinder schlagen«. Wenn ich selbst in meiner Kindheit geschlagen wurde und beschlossen habe, das meinen eigenen Kindern niemals anzutun, dann kann es dennoch passieren, dass das Eltern-Verhalten wieder durchkommt und die Hand in Stressmomenten ausrutscht. Das ist einfach zu verstehen: Das Gegenteil von »Kinder schlagen« bedeutet wahrscheinlich, »zu wenig Grenzen ziehen«, »zu viel gewähren lassen«. Kinder nutzen das natürlich aus. Und wenn die Nerven der Eltern bloßliegen, dann ist nicht mehr genug Kraft vorhanden, sich gegen das eigentliche Muster zur Wehr zu setzen, und die Hand schlägt reflexartig zu.

Zur Rebellionsübernahme von Mustern gibt es eine interessante Beobachtung aus der systemischen Familientherapie. Beim Aufstellen des Systems, bei der so genannten Familienskulptur, kann man häufig sehen, dass die Kinder den Großeltern ähnlicher sind als ihren eigenen Eltern. Es ist tatsächlich so, dass Muster, die in Rebellion übernommen werden, immer eine Generation überspringen. Das heißt: wenn der Großvater ein Verschwender war, möglicherweise das ganze Vermögen verprasst hat, der Vater dagegen rebellierte und ein Geizhals wurde, dann führt die Rebellion des Kindes gegen den Geiz des Vaters natürlich wieder in die Verschwendung, also zum Großvater zurück. Und so weiter. Die politische Szene führt uns das heute sehr eindringlich in Form der Neonazis vor Augen. Wetten, dass deren Eltern »rebelliert« haben gegen das Nazitum ihrer eigenen in der Hitlerzeit involvierten Eltern?

Neben Nachahmung und Rebellion gibt es die *Projektion* als eine dritte Möglichkeit, immer wieder mit den elterlichen Mustern konfrontiert zu werden. Das bedeutet, dass mir ein bestimmtes Verhalten fortwährend im Außen begegnet, mir von jemand anderem gespiegelt wird. Um beim Beispiel Geiz zu bleiben, würde das bedeuten, dass ich selbst ganz normal mit Geld umgehen kann, also weder geizig noch verschwenderisch bin. Aber eigenartigerweise habe ich immer wieder mit Menschen zu tun, zum Beispiel meinem Partner oder meinem Chef, die genauso geizig sind, wie es mein Vater war. Um die Auseinandersetzung mit dieser Eigenart kommt man also einfach nicht herum.

Da man andere Menschen aber nicht verändern kann, also den Geiz des Chefs nicht auflösen kann, wird man nur seine eigenen »gemusterten« Reaktionen auf das Verhalten des Chefs transformieren können, so dass man in Zukunft einfach besser damit zurechtkommt.

Spätestens bei der Betrachtung dieser drei Möglichkeiten der Musterübernahme ist Ihnen deutlich geworden, dass es nahezu keine Chance gibt, den Mustern der Eltern zu entkommen.

Wirklich alles, was Sie bei den Bezugspersonen Ihrer Kindheit an Eigenschaften – guten oder schlechten – sehen, können Sie auch in Ihrem eigenen Leben wiederfinden!

Eine besondere Situation bei der Musterübernahme entsteht immer dann, wenn die Eltern in manchen Bereichen gegensätzlich »gemustert« sind und das Kind beide Muster gleichzeitig übernimmt. Am erneuten Beispiel von »Geiz« und »Verschwendung« würde das bedeuten, dass in jeder Situation, in der eines dieser Muster ausgelöst wird, das andere gleich mit anspringt: Man kann sich einfach nicht entscheiden, ob man jetzt für eine Sache Geld ausgeben soll oder nicht, man sitzt zwischen zwei Stühlen. Und ringt man sich endlich zu einer Seite durch und kauft zum Beispiel diese sündhaft teuren Schuhe, dann meldet sich sofort danach der Zweifel. Man kann sich nicht darüber freuen, ist unzufrieden mit der Entscheidung, hätte es lieber anders gemacht. Nur: Auch mit der entgegengesetzten Entscheidung wäre man nicht glücklich, denn dann würde sich die andere Seite mit Zweifeln melden: »Hätte ich doch nur ...!« Kennzeichen der Übernahme entgegengesetzter Muster ist immer die Unfähigkeit, eine klare Entscheidung zu treffen und dann auch mit dieser Wahl zufrieden sein zu können.

Zu Beginn der Pubertät endet dieser Mechanismus der Musterübernahme bzw. der Rebellion dagegen. Das Kind ist nun nicht mehr in dem Maße von seinen erwachsenen Bezugspersonen abhängig, dass sein Überleben gefährdet ist. Ein Jugendlicher könnte sich notfalls allein durchs Leben schlagen, er beginnt, selbst erwachsen zu sein. Die Zugehörigkeit zur Gruppe der Gleichaltrigen wird wichtiger als die Familie. Ab jetzt werden die bis dahin übernommenen Muster in bestimmten Situationen lediglich wieder aktiviert.

Es sei jedoch nochmals betont: Selbst wenn die Übernahme von Mustern, also das Imitieren der Eltern, mit der Pubertät endet, können im Erwachsenenalter, wie in Kapitel 4 am Beispiel »Geiz« beschrieben, in extremen Angst- und Notsituationen die Grundlagen für neue Muster entstehen.

6 Das Menschenbild: Vier Aspekte unseres »Selbst«

Der alte Traktat *Consilium coniugii* führt aus,
dass der »philosophische Mensch« aus den »vier Naturen des Steins«
bestehe. Drei davon seien irdisch ..., »die vierte Natur
ist das Wasser des Steines, nämlich das viskose Gold,
das roter Gummi genannt wird, mit welchem die drei irdischen
Naturen tingiert werden«.
Die vierte Natur ... führt uns direkt zur Anthroposidee,
welche eine Vorstellung der Ganzheit des Menschen ist:
des einen nämlich, der schon vor dem Menschen war
und zugleich dessen Ziel darstellt.
Er gesellt sich als viertes zu den dreien
und stellt dadurch die Synthese der Vier zur Einheit her.

C. G. Jung[21]

In der alchimistischen Literatur misst man der »Vierheit« bei der Herstellung des »mythischen Wassers« eine große Bedeutung zu. Auch der große Psychologe C.G. Jung bezieht sich in seinem Werk und seinem therapeutischen Ansatz immer wieder auf den Sinngehalt der »Vier«. »Die Vierfarbigkeit« (der Blüten des philosophischen Baumes) »weist auf die vier Elemente hin, welche im alchemistischen Werk zusammengesetzt werden.

Die Quaternität als ein Ganzheitssymbol bedeutet, dass das Werk die Herstellung einer allumfassenden Einheit zum Ziel hat« (S. 328). In seinem eigenen psychologischen System übersetzt er beispielsweise dieses »quaternarische Orientierungssystem« auf die vier Bewusstseinsfunktionen. »Das Orientierungssystem des Bewusstseins hat vier Aspekte, welche vier empirischen Funktionen entsprechen, nämlich dem Empfinden (Sinneswahrnehmung), Denken, Fühlen und der Intuition (Ahnungsvermögen). Diese Quaternität ist eine archetypische Ordnung«. (S. 188)[22]

Bezogen auf das vorangestellte Zitat aus dem *Consilium coniugii* ist leicht nachvollziehbar, dass die drei Funktionen »Empfinden«, »Denken« und »Fühlen« »irdischer Natur« sind, während die »Intuition« durchaus als »nicht irdisch« angesehen werden kann und gleichzeitig die anderen drei »tingiert«.

Deutlicher wird diese Einteilung in der entspechenden Terminologie des Menschenmodells, welches ich vom Hoffman-Quadrinity-Prozess übernommen habe. Wir gehen also davon aus, dass das Selbst des Menschen aus vier Anteilen besteht: dem **Körper-Selbst** (entspricht dem »Empfinden« im Jungschen System), dem **Emotionalen Selbst** (Fühlen), dem **Intellektuellen Selbst** (Denken) und dem **Spirituellen Selbst** (Intuition).

Körper, Gefühl und Verstand gehören dabei zu den drei irdischen Anteilen. Der vierte Anteil, der dazukommt, das Nicht-Irdische, ist unsere Seele.

Wie solch ein Modell aussehen kann, zeigt die nebenstehende Seite.

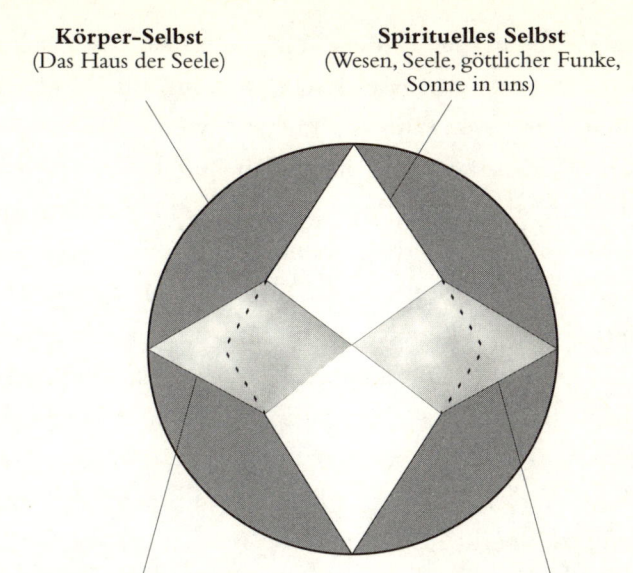

Körper-Selbst
(Das Haus der Seele)

Spirituelles Selbst
(Wesen, Seele, göttlicher Funke,
Sonne in uns)

Emotionales Selbst
(Gefühl, inneres Kind, weibliche Seite,
linke Körperhälfte/rechte Gehirnhälfte)

Intellektuelles Selbst
(Verstand, innerer Erwachsener,
männliche Seite, rechte Körperhälfte/
linke Gehirnhälfte)

Zu den drei »irdischen« Anteilen gehört also als erstes der Körper oder das **Körper-Selbst**. Für ein Leben auf der Erde braucht unsere Seele ein Haus, den Körper. Er ist unser »Empfindungsorgan«, spiegelt und speichert alle Verletzungen, Spannungen usw., die wir im Laufe unseres Lebens erleiden. Alle Kämpfe, die Gefühl und Verstand miteinander ausfechten, wenn sie sich nicht einig sind, finden hier ihren Ausdruck. Deshalb ist es beim Realighting® notwendig, das jeweilige Muster auch im Körper zu lokalisieren. So kann es auch auf der körperlichen Ebene angesprochen und bearbeitet werden. Die in dem jeweiligen Körpersymptom eingefrorene Energie will erlöst und befreit werden, so dass Raum für das Neue entsteht. Jedes »Muster« ist ein Lebensenergie-Fresser, es blockiert Energie, die nicht mehr fließen kann und somit nicht mehr zur Verfügung steht. Manchmal, wenn wir sehr erschöpft und müde zu sein scheinen, ist das ein Hinweis darauf, dass wir gerade von vielen Mustern »gehabt« werden.

Gefühl und Verstand sind die beiden Anteile unseres Selbst, die unserer Psyche zuzuordnen sind, die jedoch zudem auch noch körperlich lokalisierbar, eben durchaus »irdisch« sind. Das Gefühls-Selbst oder unser **Emotionales Selbst**, auch als »inneres Kind« zu betrachten, kann man der linken, »weiblichen« Körperhälfte zuordnen und der rechten, bildhafteren Gehirnhälfte (die Nerven der Körperseiten und Hirnhälften überkreuzen sich). Hier werden unsere emotionalen Muster gespeichert, also alles, was irgendwie mit »sich soundso fühlen« oder Gefühlen überhaupt zu tun hat (z.b. »sich verletzt fühlen«, »sich bedroht fühlen«, »sich unter Druck fühlen«, »sich minderwertig fühlen«, »Angst, zu versagen«, »vor Wut platzen«, »beleidigt sein«, »kribbelig werden«, »neidisch sein« etc.).

Der Verstand oder unser **Intellektuelles Selbst**, auch als innerer Erwachsener zu sehen, entspricht dagegen der rechten, »männlichen« Körperseite und der linken, mehr logischen Gehirnhälfte. Hier finden wir alle »gemusterten« Einstellungen, Vorurteile, Meinungen, Wertungen und Glaubenssysteme, die wir im Laufe unserer Kindheit und Jugend aufnehmen und von denen wir heute noch bestimmt werden, weil sie unsere Wahrnehmung der Realität verfärben (z.B. »sich mit anderen vergleichen«, »andere abwerten«, »es besser wissen«, »Recht haben«, »sich hässlich [oder dick] finden«, aber auch Meinungen wie: »das Leben ist ein Jammertal«, »Ausländer sind schmutzig«, »Geld stinkt«, »Vertraue niemandem«, »ein Mann muss älter, größer und intelligenter sein als die Frau«, »es darf mir nicht gut gehen«, »Vögel, die am Morgen pfeifen, holt am Abend die Katz!« usw.).

»Was man für wahr hält, wird im Leben auch tatsächlich als wahr erfahren. Lebenserfahrungen erwecken immer den Anschein, als würden sie eure Glaubenssätze bestätigen. Dabei ist es umgekehrt: Eure zu Glaubenssätzen erhobenen Überzeugungen gestalten die Realität.« (Seth)[23]

All diese Muster, die sich in unserer Psyche ablagern, machen uns zu der »Person«, als die wir uns kennen und als die uns andere wahrnehmen. Aufgrund der Verknüpfung mit dem Körper kann man die Muster überdies auch körperlich fühlen und lokalisieren, sie gehören eindeutig zu unserem »irdischen« Ballast.

Der Mensch ist jedoch mehr als die Rolle, die er gelernt und übernommen hat. Mein Lehrer, der Psychologe, Philosoph und Meditationsmeister Karlfried Graf Dürckheim veranschaulichte das mit der Frage: »Wie kommt der Karlfried durch den Dürckheim durch?« Damit meinte er, wie kommt das »Wesen«, also das, was einen Menschen im Grunde ausmacht, durch die gewordene »Person«, das »Welt-Ich« hindurch. »Der Schicksalsleib ist ein Produkt der Welt. Das Wesen ist nicht von dieser Welt.«[24] Dieses »Wesen« scheint mir identisch zu sein mit dem vierten, »Nicht-Irdischen« Anteil unseres Selbst.

Dieser vierte Teil ist das, was man vielleicht am sinnvollsten als »Seele« bezeichnen kann, unser **Spirituelles Selbst**, der göttliche Funke in uns. Dort, in unserem Zentrum, sind wir völlig ungemustert, im inneren Frieden, kraftvoll, strahlend und überfließend vor Liebe und in Kontakt mit allem, was ist. Dort sind wir an ein Wissen angeschlossen, das die Möglichkeiten unseres Intellekts bei weitem übersteigt. Wenn wir in Kontakt damit sind, können wir dies deutlich an der veränderten Realitätswahrnehmung spüren: Wir fühlen uns verbunden mit unserer Mitte und können einfach sein mit dem, was ist, angstfrei, ohne uns aufregen zu müssen oder zu leiden. Erinnern Sie sich an die in Kapitel 3 erwähnten Grundhaltungen Angst und Liebe? Jetzt wird deutlich, dass die Liebe das Wesensmerkmal unseres Spirituellen Selbst ist, während die Angst zu unserer »irdischen« Psyche gehört. Aus dem göttlichen Teil unseres Selbst kommen auch die neuen Lösungen, die beim Transformieren der Muster entstehen.

Wie schon beim Hoffman-Quadrinity-Prozess sind auch bei der Weiterentwicklung der »Recycling«-Methode zum »Realighting®« alle vier Anteile des Selbst gleichermaßen beteiligt. (Zum Vergleich: Bei dem in der Einführung erwähnten Positiven Denken ist es allein der Intellekt, der versucht, die Emotionen zu beeinflussen oder zu kontrollieren!)

Das Material, das wir im Realighting® verwenden, die Muster, sind in den drei irdischen Selbsten zu finden. Die Lösung aber, das Gold, in das wir unser inneres Blei verwandeln, finden wir im Nicht-Irdischen, in unserem Spirituellen Selbst. Während des Transformationsprozesses bekommen wir zudem »himmlische« Hilfe durch die reine, göttliche Lebensenergie in Form von strahlendem Licht oder auch in Form von »Schutzengeln« (oder »spirituellen Helfern« oder »Führern«, »Guides«, der Seelenfamilie oder »großen Seele«, Jesus, Gott oder wie immer Sie diese Dimension für sich benennen wollen).

Ein neugeborenes Kind ist für die Qualität seines Spirituellen Selbst noch sehr durchlässig. (Einem Kind gestehen übrigens auch die Menschen, die im Erwachsenenleben Schwierigkeiten mit der spirituellen Dimension haben, noch leicht einen Schutzengel zu.) Im Laufe der Zeit beginnen die Muster, die sich nach und nach im Emotionalen Selbst und im Intellektuellen Selbst ablagern und körperliche Symptome nach sich ziehen können, das Spirituelle Selbst immer mehr zu verdecken, bis es schließlich ganz unsichtbar wird. Es ist, als würde eine dichte Wolkendecke die Sonne verdüstern, bis wir gar nichts mehr von ihrer Strahlkraft, Wärme und Energie spüren können. Man kann sich zwar bewusst machen, dass die Sonne über den Wolken immer noch scheint, aber es bedeutet eine ganz andere Lebensqualität, die Sonne wirklich zu spüren.

Im normalen Erwachsenenleben reißt diese Wolkendecke (die »Musterung«) nur noch selten auf, vielleicht eher zufällig, wenn man frisch verliebt ist oder ein überwältigendes Naturerlebnis hat. Vielleicht auch beim Musikhören oder als Geschenk bei einer Meditation. Beim Realighting® wird dieses Erlebnis zur Regel, weil jede Musterumwandlung wie die Auflösung einer der Wolken vor der Sonne wirkt. Und dann können genau an der Stelle, wo zuvor das Muster saß (im emotionalen oder im intellektuellen Teil unserer Psyche), die Sonnenstrahlen (das Spirituelle Selbst) wieder hindurchscheinen.

7 Voraussetzungen zur Umwandlung

Ihr müßt davon überzeugt sein, dass ihr eure Erfahrungen
ändern *könnt*.
Ihr müßt bereit sein, die Probe aufs Exempel zu machen.
Betrachtet eine euch einschränkende Vorstellung
wie eine schmutzige Farbe
und euer Leben wie ein multidimensionales Gemälde,
das durch sie verschandelt wird.
Ihr wechselt eure Vorstellung aus wie der Maler seine Palette.
Ein Maler identifiziert sich nicht mit den Farben, die er verwendet.
Er weiß, daß er sie auswählt und mit seinem Pinsel aufträgt.
Auf die gleiche Weise malt ihr eure Realität
mit euren Vorstellungen.
Ihr seid nicht eure Vorstellungen und nicht einmal eure Gedanken.
Ihr seid das Selbst, das sie erfährt.
Wenn ein Maler am Ende des Tages seine Hände mit Farbe
befleckt findet,
dann kann er die Flecken leicht abwaschen, denn er weiß,
was sie sind.
Wenn ihr glaubt, daß eure einschränkenden Überzeugungen
ein Teil von euch seien
und euch daher für immer anhängen, dann kommt ihr nicht auf
den Gedanken, sie abzuwaschen.
Statt dessen gebärdet ihr euch wie ein verrückter Maler, der sagt:
»Meine Farben sind ein Teil meiner selbst.
Sie haben meine Finger befleckt, und ich kann nichts dagegen tun.«

Seth [25]

Bevor Sie mit der eigentlichen Transformation von Mustern beginnen können, ist eine kleine Vorbereitung nötig, die nicht viel Aufwand braucht, kein großes Vorwissen, kein tiefschürfendes Analysieren. Das Beste ist, mit freiem und leerem Geist daranzugehen, um während des Verwandlungsprozesses sehr präsent zu sein. Vorher zu viel wissen zu wollen und währenddessen zu werten oder etwas Bestimmtes zu erwarten stört nur.

Die wichtigsten Voraussetzungen, um mit einer Umwandlung beginnen zu können, sind:

1. das Muster zu erkennen,
2. es treffend benennen zu können und
3. die eindeutige Absicht, der Wille, das Muster loswerden zu wollen.

1. Das Muster erkennen

Wie schon in Kapitel 3 erwähnt heißt das, Sie dürfen mit einem Muster nicht mehr identifiziert sein, damit Sie es überhaupt als solches erkennen und eine Entscheidung dafür oder dagegen treffen können. Es braucht eine gewisse Distanz zur eigenen Gefühls- oder Verhaltensreaktion, ein Wiedererkennen, eine Wahrnehmung der Unangemessenheit in der realen äußeren Situation.

Solch eine reale äußere Situation ist dann auch immer die Ausgangsbasis für eine Transformation. Sie nehmen eine konkrete Szene aus Ihrem Alltag, in der ein Muster bei Ihnen ausgelöst wurde und woran Sie sich noch gut erinnern können. Zum Beispiel:

»Heute Morgen beim Frühstück, als mein Mann sein Ei köpfte, roch er dran und verzog das Gesicht. Sofort habe ich mich dafür ›verantwortlich gefühlt‹, als ob ich daran ›schuld‹ wäre, wenn das Ei nicht gut ist.« (*Muster:* »sich verantwortlich fühlen«, »schuld sein«)

Oder: »Gestern in der Mittagspause war ich sehr in Eile. Ich wollte noch schnell meine Bewerbungsunterlagen fertigstellen, um sie gleich wegzuschicken. Da stürzte der Computer ab und ich fühlte mich total ›hilflos‹ und ›verzweifelt‹.« (*Muster:* »sich hilflos fühlen«, »verzweifelt sein«)

Oder: »Am Nachmittag hat sich meine Frau hingelegt, weil sie total erschöpft war. Da fing meine 9-jährige Tochter an, mit ihrem kleineren Bruder zu streiten und schrie ihn an (übrigens auch ein Muster von mir, was sie bereits übernommen hat). Da ist mir ›der Kragen geplatzt‹, ich habe sie ebenfalls ›angeschrien‹ und dann einfach ›zugeschlagen‹.« (*Muster:* »Kragen platzen«, »jemanden anschreien«, »zuschlagen«)

Solange man noch identifiziert ist, kann man diese Reaktionen nicht als Muster erkennen, sondern hält es für völlig normal, sich so zu verhalten. Es braucht also genügend inneren Abstand, um diese Reaktionen hinterfragen und als Muster erkennen zu können. Das fällt anfangs oft schwer, denn man kommt gar nicht von selbst auf die Idee, dass eine bestimmte Art zu reagieren »gemustert« sein könnte. Die Teilnahme an einem Seminar kann dabei sehr helfen, denn die Beispiele der anderen Teilnehmer und Teilnehmerinnen öffnen einem die Augen für ähnliche Situationen im eigenen Leben. Eine vorangegangene Psychotherapie oder die Erfahrung in einer Meditationsform, die den »inneren Zeugen« entwickelt (z.B. Vipassana) kann ebenfalls bei diesem Bewusstwerdungsprozess hilfreich sein. Manchmal hat man auch das Glück, in einer

Situation mit einem anderen Menschen konfrontiert zu sein, der »nicht gemustert« reagiert, so dass einem die eigene »Musterung« auffallen kann. Mir selbst ging es einmal so, dass ich sehr erschrocken reagierte, als mein Partner während einer Reise plötzlich sein Portemonnaie vermisste. In dem Moment, als ich zu ihm sagte: »Erschrick jetzt bitte nicht!«, sah er mich erstaunt an und meinte: »Aber ich erschrecke doch gar nicht!« Das stimmte, er blieb sehr gelassen dabei. Also musste mein Erschrecken ein Muster sein! Bis dahin hielt ich »Erschrecken« für natürlich. Ich hatte es noch nie zuvor in Frage gestellt.

Ein weiterer amüsanter Tipp, um ein Gefühl für »gemustertes« und »ungemustertes« Verhalten zu bekommen, ist, sich unter diesem Gesichtspunkt Kinofilme anzuschauen. Alte Western sind besonders ergiebig: Der »Held« ist meist der »ungemustertste« von allen. Besonders schön kann man das in dem Edelwestern Weites Land von William Wyler beobachten. Gregory Peck spielt den »Helden«, der auch durch noch so viel Provokation und Spott über seine scheinbare Feigheit einfach nicht aus der Ruhe und aus seiner Mitte zu bringen ist. Ein weiteres glänzendes Beispiel für einen Menschen, bei dem Muster einfach nicht auszulösen sind, finden Sie in dem Titelhelden des Films *Forrest Gump*.

2. Das Muster treffend benennen

Die größte Schwierigkeit nach dem Erkennen eines Musters ist das präzise Benennen der »gemusterten« Reaktion. Der Name muss so gut treffen, dass Sie beim Aussprechen das damit verbundene Gefühl wieder spüren können. Am besten finden Sie die passende Bezeichnung, wenn Sie die Situation einfach erzählen oder aufschreiben. Die Worte, die man dabei ganz selbstverständlich benutzt, beinhalten oft schon die Musterbezeichnung wie an den Beispielen weiter oben ersichtlich. Um das Muster zu realighten, übernimmt man die Ausdrücke  jedoch nicht genau so, sondern bringt sie auf eine allgemein gültige Ebene, also nicht »ich bin hilflos«, sondern »sich hilflos fühlen«. Die abstraktere Benennung ist deshalb sinnvoll, weil Muster eben nicht wirklich zu einem gehören, sondern etwas Fremdes, Übernommenes sind. Mit der Benennung wird dies verdeutlicht.

Beim unter Punkt 1 angeführten Beispiel mit dem Ei heißt das Muster »sich verantwortlich fühlen« oder »schuld sein«. Sie sollten den Ausdruck nehmen, der das Gefühl in der Szene am besten und nachfühlbarsten wiedergibt.

Beim Beispiel mit dem abgestürzten Computer kann man das zu realightende Muster »sich hilflos fühlen« oder »verzweifelt sein« nennen – es sind auch hier zwei verschiedene Muster, die jedes für sich umgewandelt werden müssen!

Oft findet sich eine Redewendung, die mundartlich vertraut ist, wie im obigen Beispiel »Kragen platzen«. Beim angegebenen Beispiel kommt aber auch »jemanden anschreien« oder »zuschlagen« in Betracht. Wieder: Nehmen Sie zuerst den Ausdruck, der beim Nachspüren am deutlichsten Ihre Gefühle in diesem Moment wiedergibt.

Falls solche Redewendungen auftauchen wie »Kragen platzen«, »auf die Palme gehen«, »die Jalousien runterlassen«, »im Erdboden versinken« oder was immer Ihnen auf der Zunge liegt, sind Sie dem Muster ganz nah. Diese Ausdrücke treffen das Gefühl oft sehr genau. Wenn Sie anfangen, darüber nachzudenken, entfernen Sie sich meist immer weiter von dem eigentlichen, zuerst ausgelösten Gefühl und es wird verwirrender.

Wie schon früher erwähnt, gliedern sich die »Grundmuster« wie beispielsweise Angst oder Wut in viele Einzelmuster auf, die sich jeweils ein wenig unterschiedlich anfühlen. Je öfter wir Verhaltensmuster transformieren, desto mehr Übung bekommen wir darin, unsere Gefühle differenzierter zu beschreiben. Ich erinnere mich an eine Sequenz von mehreren Mustern, die innerhalb kurzer Zeit durch meinen Partner bei mir ausgelöst wurden und die sich zunächst ziemlich gleich anfühlten. Das fing mit »nachtragend sein« an. Kaum hatte ich es umgewandelt, ging es mit »übel nehmen« weiter, dann kam ganz einfach »böse sein« und zum Schluss noch »unversöhnlich sein« und »es nicht verwinden können«. Was alle diese Muster gemeinsam hatten, war das Gefühl von »Rolladen runter«. Die Liebe war auf der Stelle blockiert, ich war einfach »zu«. Ohne die Vorerfahrung, dass bereits »realightete« Muster nicht wieder ausgelöst werden können, hätte ich vielleicht an der Methode gezweifelt und gedacht, dass sie hier offenbar versagt hat. So aber nahm ich mir wirklich Zeit zum Hinspüren und fand die kleinen Unterschiede in der jeweiligen Reaktion. Nachdem es mir gelungen war, sie auch zu benennen (siehe Beispiel), konnte ich sie sogar abwechselnd Mutter und Vater zuordnen. Nachdem sie alle transformiert waren, hatte ich tatsächlich lange Zeit Ruhe vor dieser Art von Emotionen, bis dann am

Ende noch »grollen« und »hadern« auftauchten und verwandelt werden wollten.

Indem wir Übung bekommen im Hinspüren und eine differenziertere Wahrnehmung unserer Gefühle entwickeln, wird auch unsere »Emotionale Intelligenz«[26] gesteigert. In dem Buch von Weisbach und Dachs findet man unter »Erweitern Sie Ihren Wortschatz« Auflistungen verschiedenster Ausdrücke zu den Grundgefühlen. Einige davon sind im Anhang aufgeführt. Unter dem Überbegriff »Trauer« findet man zum Beispiel: trauern – leiden – sich sorgen – sich grämen – bedrückt sein – bekümmert sein – unglücklich sein – depressiv sein – trübsinnig sein – schwermütig sein – melancholisch sein – verdrossen sein. Noch differenziertere Unterscheidungen findet man in Nachschlagewerken wie zum Beispiel in A.M. Textor: *Sag es treffender.*[27] Für Computer-Freaks gebe ich den Tipp eines Seminarteilnehmers bezüglich *Thesaurus* weiter, das man bei Microsoft Word unter »Extras« aufrufen kann und welches Synonyme zu Wörtern anbietet, die man soeben geschrieben oder markiert hat.

Sobald Sie den Begriff gefunden haben, lohnt schon ein erstes kurzes Hinspüren, von welcher Bezugsperson Sie dieses Muster übernommen haben, wer von den Erwachsenen in der eigenen Kindheit wohl genauso reagiert hätte und auch, wo im Körper es lokalisiert ist, das heißt, wo Sie eine Spannung oder einen Druck bemerken. Wenn Sie diese Art zu reagieren bei keiner Bezugsperson finden können, sei es, weil Sie sich nicht erinnern oder diesen Elternteil vielleicht gar nicht kannten, sei es, weil Sie das Muster in Rebellion übernommen haben und also das Gegenteil tun und erleben, dann ist es sinnvoll, die Kurzform des »Realightings®« zu wählen (siehe auch Seite 64 + 66 f., 72 ff.).

3. Das Muster wirklich loswerden wollen

Nach dem Erkennen und Benennen des Musters kommt der dritte entscheidende Schritt, ohne den die Transformation nicht gelingen kann. In einem Seminar würde ich Sie jetzt fragen: »Willst du dieses Muster behalten?« Und nur, wenn es Ihnen möglich ist, jetzt mit einem klaren, uneingeschränkten »Nein« darauf zu antworten, können Sie mit dem Realighting® beginnen.

Es ist nicht so selbstverständlich, dass jemand alle seine Muster auch gleich loswerden will. Manchmal hängt man noch an solch einer Reaktion oder hat Befürchtungen, was geschehen könnte, wenn das Muster nicht mehr da ist. Wenn man zum Beispiel gerade gelernt hat, seine Grenzen aggressiv zu verteidigen, dann kann man vielleicht schon sehen, dass es nicht optimal ist, wenn man andere Menschen dadurch verletzt. Aber möglicherweise erscheint das Risiko zu groß, diese Aggression wieder loszuwerden, denn vielleicht trampeln die anderen dann wieder über einen hinweg. Manchmal ist man auch einfach noch nicht soweit, seine Leidensmuster loswerden zu wollen, weil man dann plötzlich in der Eigenverantwortung steht. Damit entfällt vielleicht auch der regelmäßige Gang zum Therapeuten, der einem noch Zuwendung und tiefschürfende Bedeutungen dafür anbietet (was nicht heißen soll, dass alle Langzeittherapien so verlaufen!).

Wenn man ein paar Realighting®-Erfahrungen gemacht hat, wächst das Vertrauen, dass die neue Möglichkeit sich in jedem Fall sehr viel besser anfühlt als zuvor das Muster. Dann kann man sich vielleicht auch an jene Muster heranwagen, die man bislang noch irgendwie zu brauchen schien.

Nachdem Sie also Ihr in einer bestimmten Situation ausgelöstes Muster erkannt und es treffend benannt haben, in der Zukunft hundertprozentig darauf verzichten können, genug Zeit, Ruhe und Konzentrationsvermögen mitbringen, kann jetzt der eigentliche Prozess beginnen. Gehen wir ans »Werk« der Umwandlung!

Voraussetzung

8 Der Umwandlungsprozess: »Realighting®« oder Alchimie der Seele

In eurem Wesen seid ihr schon vollständig.
In der größeren, allumfassenden Realität sind alle Seelen,
die in einem physischen Körper sind,
weiterhin mit den göttlichen Gesetzen des Gleichgewichts,
der Wahrheit und Einheit verbunden.

Emanuel[28]

Diese wahre Philosophie wird Euch lehren, wie Ihr Euch selbsten erkennen sollet, und so Ihr Euch selbsten recht erkennet, so werdet Ihr auch die reine Natur erkennen; denn die reine Natur ist in Euch selbsten.
Und wenn Ihr die reine Natur, die Eure, von aller bösen sündlichen Selbstheit befreyet, wahre Selbstheit ist, erkennet, alsdann erkennet Ihr auch Gott;
weil die Gottheit in der reinen Natur, als ein Kern in der Nußschale verborgen und eingewickelt ist.

John Pordage[29]

Um Ihnen nun endlich eine Erfahrung der »reinen Natur«, also Ihrer »wahren Selbstheit« zu ermöglichen, erhalten Sie im Folgenden die Übungsanleitung für die Transformation. Es dürfte sinnvoll sein, sie zunächst ganz durchzulesen. Anschließend können Sie entscheiden, ob Sie erst die lange oder die kurze Version ausprobieren möchten.

Die **Langform** beinhaltet den psychologisch-therapeutischen Teil. Sie führt zurück bis in die Kindheit der Eltern und in die eigene Kindheit und ermöglicht eine Heilung der traumatischen Kindheitssituationen, in denen das Muster übernommen wurde. Außerdem wird deutlich, wie das jeweilige Muster entstanden ist. Damit entsteht neues Verständnis für das »So«-Gewordensein der Eltern und der eigenen Persönlichkeit.

Die **Kurzform** verzichtet auf das Zurückgehen in die Vergangenheit und die Heilung des inneren Kindes, sie enthält nur den rein alchimistischen Teil, nämlich das Umwandeln vom »Niederen« ins »Höhere« durch die Anwendung der alchimistischen Prinzipien. Ausgehend von der Szene, die das Muster ausgelöst hat, gehen wir dabei gleich zur Transformation über. Die Wirkung ist ebenfalls dauerhaft. Allerdings geht dabei das tiefere Verständnis für die Entstehungsgeschichte des Musters und die Möglichkeit der Versöhnung mit der eigenen Herkunft verloren.

Bezogen auf die anschließende Anleitung führen Sie für die Langform alle angegebenen Punkte (1-23) durch. **Für die Kurzform lassen Sie die Punkte 7-12 einfach aus.** Punkt 5 (Schlagen) kann in beiden Versionen entweder durchgeführt oder ausgelassen werden.

Auf der schon früher erwähnten CD (Bezugshinweis siehe Seite 219) ist die Anleitung so in Tracks unterteilt, dass Sie Ihre ganz eigene Form programmieren können, also auch eine Mittelversion zwischen Kurz- und Langform (indem Sie zum Beispiel Ihre eigene Kindheitssituation nacherleben und heilen, die Elternsituation aber aus persönlichen Gründen eventuell auslassen).

Nehmen Sie sich für den Anfang genügend Zeit (mindestens eine Stunde für die Langform, eher länger) und sorgen Sie dafür, dass Sie nicht gestört werden. Legen Sie Taschentücher (alle auftauchenden Gefühle bitte zulassen!), einen Teddybären oder ein Kissen, Schreib- und Malzeug neben sich. Setzen Sie sich bequem hin, so dass Sie Ihren Rücken gerade halten können. Falls in dem Muster, das Sie bearbeiten möchten, sehr viel Energie steckt, ist es gut, auch einen Stock (z.B. Tennisschläger) und ein Polster, auf das Sie schlagen können, in Reichweite zu haben.

Der Einfachheit halber wird in der folgenden Anleitung die Du-Form verwendet.

1 Bestimme und benenne das Muster (Gefühls- oder Verhaltensreaktion, die dich stört) anhand einer konkreten Situation aus deinem Alltag.

2 Wo in deinem Körper kannst du das Muster spüren, wo ist es lokalisiert?

3 Von welcher Bezugsperson deiner Kindheit hast du das Muster übernommen?

4 Entscheide dich: Willst du das Muster behalten?

5

Wenn du das Muster entschieden loswerden möchtest und viel Energie darin spürst (z.B. indem du wirklich die Nase voll davon hast und ärgerlich oder wütend auf diese Reaktionsweise bist), dann bereite dich auf das Schlagen vor:

☐ Spüre noch einmal nach, was dieses Muster in deinem Leben bereits angerichtet hat, und auch, was es im Leben deiner Bezugsperson angerichtet hat (z.B., wie anders wäre die Atmosphäre in deiner Familie gewesen, wenn Vater oder Mutter nicht so hätten reagieren müssen?).

☐ Entscheide dich, das Muster JETZT loszuwerden.

☐ Hebe deinen Schläger mit beiden Armen über deinen Kopf, atme tief ein, spüre deine Kraft und Entschlossenheit und dann

☐ SCHLAG ZU! (auf das Polster!)

Stell dir dabei vor, wie du das Muster aus dir herausschlägst und es zerschlägst (wie wenn du einen Drachen tötest). Befrei dich vollständig von dieser blockierten Energie, bis du Erleichterung spürst.

(Wenn du die Erfahrung gemacht hast, wie dieses Zuschlagen voller Inbrunst und Entschiedenheit sich anfühlt, dann kannst du diese Episode auch in einer *Imagination* vollbringen. Du kannst Punkt 5 auch auslassen, wenn es sich nicht stimmig anfühlt – vertrau deinem Impuls!)

6 Setze dich bequem und aufrecht hin, schließe deine Augen, lass alle Tagesreste, Gedanken und Spannungen los, werde innerlich leer, indem du mit drei kräftigen »Schschsch« ausatmest. Stimme dich auf die innere Reise ein, indem du ein »OM« intonierst.

7 Lass dein Bewusstsein zurückfließen in deine Kindheit, zu einer Situation oder Szene, in der du deine Bezugsperson (Vater,

Mutter oder wen sonst?) in diesem Muster erlebt hast. Wie sah das Muster da aus, und welche Situationen haben es ausgelöst? ... Lass dann die Erinnerung mit einem tiefen Atemzug vollständig los!

8 Erlaube dem allwissenden Teil deines Bewusstseins, deinem Spirituellen Selbst, in die Zeit zurückzufließen, in der deine Bezugsperson noch ein Kind war. Wie eine Fee oder ein Zauberer aus der Zukunft tauchst du jetzt bei dem Kind auf, das Vater oder Mutter einmal war. Du begrüßt dieses Kind und bittest es, dir jetzt die Situation in seiner Kindheit zu zeigen, in der es sich zum ersten Mal »so« gefühlt hat. Was ist geschehen, dass dieses Kind begonnen hat, sich so zu fühlen?

9 Fühle dich ein in das Kind in dieser Situation und spüre dabei, was dem Kind in dieser Situation gefehlt hat, was es gebraucht hätte, um sich anders, besser, zu fühlen. Lass alle Beteiligten außer dem Kind in Dornröschenschlaf versinken und kümmere dich um dieses Kind. Nimm dafür den Teddy oder das Kissen in deine Arme und leiste »erste Hilfe«, indem du dem Kind etwas von dem gibst, was damals gefehlt hat: Liebe, Verständnis, Rückendeckung und Schutz, so dass das Kind sich erst einmal sicher bei dir fühlen kann.

10 Jetzt rufe den Schutzengel der Person oder Personen, die für diese Hilfe eigentlich zuständig gewesen wäre (wahrscheinlich deine Großmutter oder dein Großvater). Bitte den Schutzengel, jetzt zu diesem Menschen, der sich immer noch in Trance befindet, hinzugehen und ihn oder sie einzuhüllen in Licht und in Liebe. Das Kind auf deinem Schoß und du, ihr könnt jetzt zuschauen, wie ein Wunder geschieht. In dem Moment, in dem diese Person all das bekommt, wonach sie sich ihr ganzes Leben lang vergeblich gesehnt hat, bedingungslose Liebe und Licht im Überfluss, beginnen alle alten Verletzungen zu heilen und alle Schutzmechanismen schmelzen dahin wie Schnee in der Sonne. In dem Moment, in dem sich das Herz der Person zu öffnen beginnt, gibt der Schutzengel Liebe und Mitgefühl für das Kind hinein, so dass das Herz jetzt wirklich aufgeht und zu strahlen beginnt. Wenn die Strahlen gerade die Augen erreichen, gießt der Schutzengel tiefes Verständnis, Achtung und Wertschätzung für dieses Kind in das Bewusstsein dieses Erwachsenen.
Im gleichen Augenblick geht ein Ruck durch die Bezugsperson, es ist, als erwache sie aus einem alten bösen Traum. Wie Schuppen fällt es von ihren oder seinen Augen, und dieser Mensch ist jetzt ganz präsent und nimmt das Kind in seiner Situation wie zum allerersten Mal wirklich wahr und versteht es. Er oder sie spürt jetzt auch die Liebe, die zwischen ihnen fließt.

Sieh dir jetzt die neue Kindheitsszene im Lebensfilm deines Vaters oder deiner Mutter an. Wie geht die erwachsene, von ihrem Schutzengel geheilte und gestärkte Bezugsperson jetzt mit diesem Kind um, und wie fühlt sich das Kind dabei? ... Wenn die Situation für das Kind geheilt ist, kannst du dich zurückziehen. Du lässt das Kind in seiner veränderten Vergangenheit zurück, indem du Teddy oder Kissen wieder neben dich legst und das Ganze mit einem bewussten Atemzug vollständig loslässt. (Falls das Muster von beiden Elternteilen stammt, mach die Rückschau auch mit der anderen Bezugsperson, Punkt 7-10.)

11 Jetzt gehe, mit hellwachem Bewusstsein und allen Sinnen, zurück in deine eigene Kindheit. Du landest genau in der Szene, in der du selbst als Kind dich zum ersten Mal »so« gefühlt hast. Versetze dich in das Kind von damals und erlaube dir zu spüren, was du in dieser Situation erlebt hast. Finde heraus, was du damals eigentlich gebraucht hättest, was dir gefehlt hat, was anders hätte sein müssen, damit du dich besser gefühlt hättest. Tauche jetzt wieder wie die Fee oder der Zauberer aus der Zukunft bei dem Kind von damals auf und leiste erste Hilfe, während für alle anderen die Zeit stehen bleibt. Nimm den Teddy oder das Kissen und gib dem Kind, das du damals warst, dein Mitgefühl, dein Verständnis, deine Liebe und deinen Schutz.

12 Wenn das Kind beginnt, sich bei dir besser und sicherer zu fühlen, rufst du den Schutzengel der Bezugsperson oder der Personen (wahrscheinlich deines Vaters oder deiner Mutter), die in dieser Situation versagt haben, das heißt, die so mit dem Kind hätten umgehen sollen, wie du es jetzt tust. Du bittest den Schutzengel, jetzt zu diesen Menschen hinzugehen und ihn oder sie in Licht und in Liebe einzuhüllen. Das Kind auf deinem Schoß und du, ihr könnt jetzt zuschauen, wie ein Wunder geschieht. In dem Moment, in dem diese Person all das bekommt, wonach sie sich ihr ganzes Leben lang vergeblich gesehnt hat, bedingungslose Liebe und Licht im Überfluss, beginnen alle alten Verletzungen zu heilen und alle alten Schutzmechanismen schmelzen dahin wie Schnee in der Sonne. In dem Moment, in dem sich das Herz der Person zu öffnen beginnt, gibt der Schutzengel Liebe und Mitgefühl für dich als Kind hinein, so dass das Herz jetzt wirklich aufgeht und zu strahlen beginnt. Wenn die Strahlen gerade die Augen erreichen, gießt der Schutzengel tiefes Verständnis, Achtung und Wertschätzung für dich als Kind in das Bewusstsein deiner Bezugsperson. Im gleichen Augenblick geht ein Ruck durch diesen Menschen, es ist, als erwache er aus einem alten, bösen Traum. Wie Schuppen fällt es von ihren oder seinen Augen, und diese Person ist jetzt ganz präsent und nimmt das Kind in seiner Situation wie zum ersten Mal wirklich wahr und versteht es. Er oder sie spürt jetzt auch die Liebe, die zwischen euch fließt. Sieh dir jetzt die neue Kindheitsszene in deinem Lebensfilm an. Wie geht dieser, von seinem Schutzengel nun geheilte und gestärkte Erwachsene jetzt mit dir als Kind um, und wie fühlt sich das Kind dabei? ... Wenn die Situation geheilt ist, kannst du dich zurückziehen. Du lässt das Kind, das du warst, in seiner veränderten Geschichte zurück, indem du Teddy oder Kissen wieder neben dich legst und die ganze Vergangenheit mit einem tiefen Atemzug vollständig loslässt.

13 Gehe jetzt mit hellwachem Bewusstsein direkt in die Situation in deinem Erwachsenenleben, die das Muster zuletzt bei dir ausgelöst hat. Geh mit allen Sinnen in diese Szene hinein, als würde sie *jetzt* stattfinden, und finde den Augenblick, in dem das Muster bei dir ausgelöst wird. Spüre die Reaktion in deinem Körper und lege die Hände dahin. Präge dir den auslösenden Moment gut ein, so dass du am Ende des Prozesses sofort dahin zurückkehren kannst – und dann lass die ganze Szene mit einem bewussten Ausatmen vollständig los.

14 Nimm das Muster in Form von Buchstaben (oder Silben) aus deinem Körper heraus, einen nach dem anderen (z.B. s-i-c-h g-e-k-r-ä-n-k-t f-ü-h-l-e-n[30]), und schleudere sie weg von dir. Sieh dir an, wie dieses Muster in Form der Buchstaben außerhalb von dir aussieht, wie die Stücke irgendwo herumfliegen oder -liegen.

15 Nimm in deiner Vorstellung eine große Hand-Kaffeemühle (oder was immer du brauchst, um die Buchstaben total zerstören zu können). Sammle alle Buchstaben wieder ein und stecke sie in die Mühle. Mahle – gegen den Widerstand der Buchstaben – alles fein durch und sei dir dabei bewusst, dass du das Muster damit total zerstörst. Du zermahlst es in seine Atome, in die Ur-Materie zurück! Vielleicht mag dein inneres Kind dir dabei helfen und jetzt dieses Muster so richtig mit Inbrunst kaputtmachen, ein für allemal. ... Wenn du spürst, dass alles fein durchgemahlen ist, dann nimm die übrig gebliebene Materie so an dich, dass du sie transportieren kannst.

16 Stell dir vor, wie sich direkt vor dir ein Tor öffnet. Du trittst mit dieser Materie hindurch und stehst mitten im *Licht*, wo dein Schutzengel dich schon erwartet. Reine Lebensenergie in Form von strahlendem Licht umgibt dich von allen Seiten und reinigt und heilt dich. Du badest in diesem Glanz und Gefunkel und genießt es in vollen Zügen. Alles Alte und Belastende wird einfach von dir abgewaschen; mit jedem Atemzug wirst du leichter und freier, bis du fast zu schweben beginnst.

17 Konzentriere dich nun auf die von deinem Muster übrig gebliebene Materie in deinen Händen. Setze dieses Pulver jetzt ganz bewusst dem Licht aus, während du die Lichtenergie weiter einatmest mitten in dein Herz, wo sie sich verbindet mit deiner eigenen Heil- und Liebesenergie. Lenke diese gebündelte Heilenergie im Ausatmen durch deine Arme und strahle sie durch deine Hände in das Pulver hinein. Das Pulver beginnt zu heilen, indem es transformiert und sich in Samen (oder was immer) verwandelt (siehe auch Kapitel 9, Seite 85 f.).

18 Wenn alles Pulver umgewandelt ist, kommt ein Lichtstrahl oder dein Schutzengel und hebt dich mit dem, was du bekommen hast, einfach empor. Du schwebst mitten durch das Licht hindurch, lässt dich tragen und geleiten und genießt es. Der Lichtstrahl oder dein Schutzengel bringt dich direkt zu einem Tor auf der anderen Seite des Lichtes, einem Tor, das jetzt für dich geöffnet wird.[31]

19 Du schwebst durch dieses Tor hindurch und landest mit beiden Füßen mitten in der Natur, an einem ganz persönlichen Ort der Kraft. Komme mit allen Sinnen an und spüre die Wirkung der Natur auf dich. Nimm wahr, wo du gelandet bist und welche Tages- und Jahreszeit dort gerade ist. Und während du dich umschaust, bemerkst du, dass dein Schutzengel schon ein

Stück Land zum Aussäen für dich vorbereitet oder dir sonstwie bedeutet, was du zu tun hast.[32] Du gehst hin und säst aus oder pflanzt ein, was du mitgebracht hast. Falls es angegossen werden soll, reicht dir dein Schutzengel eine Kanne mit klarem Quellwasser, oder es gibt einen kleinen warmen Regenschauer.

20 Wenn du deine Arbeit getan hast, lehne dich innerlich zurück. Schau entspannt zu, sei wie ein kleines Kind, ohne jede Erwartung, und lass dich überraschen, was aus deinem Wundersamen jetzt zu keimen und zu sprießen beginnt. Öffne alle Sinne für diese Pflanzen (oder was immer da entstanden sein mag[33]): Gehe hinein, leg dich hinein, tue, wonach immer dir zumute ist, im Kontakt mit dem, was jetzt ist. Spüre, fühle, erlebe, genieße in einer Offenheit und Innigkeit, als wäre dein heiles inneres Kind in der Situation.

21 Lass einen Begriff in dir aufsteigen, der dein neues Grund-*Gefühl* beschreibt, und hänge hinten an: »in Ruhe und Frieden« (weil das zu diesen Seins-Qualitäten, die du da erleben kannst, stets dazugehört). Nimm dieses Gefühl mit allen Sinnen in dich auf und stell dir vor und spüre, wie es mit deinem Atem genau in die Körperteile hineinfließt, in denen zuvor das Muster steckte. Es verschmilzt mit deinen Zellen und wird eins mit dir. Genieße es und tanke dich randvoll!

22 Sobald dieses neue Seins-Gefühl dich ganz ausfüllt, nimm noch einen besonders tiefen Atemzug davon und versetze dich dann zurück in die Erwachsenen-Situation, die zuvor das Muster ausgelöst hat. Erlebe genau diesen Moment, den du dir eingeprägt hast, noch einmal mit deiner neuen Lebensqualität und bemerke, wie sich deine Wahrnehmung dieser Szene und deine Reaktion darauf verändert hat.

23 Dann komm mit einem tiefen Atemzug zurück ins Hier und Jetzt. Schreibe die Umwandlung auf und/oder male ein Bild, welches deine neue Seinsqualität ausdrückt.

Wenn es dich interessiert, dann schlag im Anhang nach, ob du einen Hinweis auf die Pflanzen (oder Mineralien, Farben, Tiere etc.), die bei der Verwandlung aufgetaucht sind, findest. Falls es davon bereits eine Essenz gibt, kannst du dir die Mischung besorgen und zusätzlich noch einige Zeit anwenden. Falls die Beschreibung der Wirkungsweise der Pflanzen einmal nicht mit deiner persönlichen Erfahrung übereinstimmt, vertraue in diesem Fall bitte deinem eigenen Erleben.

Es ist auch möglich, die Wirkung der Pflanzen noch zu vertiefen, indem du dir einen entsprechenden Blumenstrauß ins Zimmer stellst, einen Tee (falls es die Pflanze als Tee gibt, wie z.B. Lindenblüten etc.) davon bereitest, ein Duftöl dieser Pflanze benutzt oder etwas davon isst (z.B. Mais, Tomaten, Kartoffeln, Erdbeeren oder was auch immer Essbares gewachsen sein mag).

Wenn der Schwerpunkt der Umwandlung auf Farben beruht, kannst du eventuell ein entsprechendes Öl (oder einen Pomander oder eine Quintessenz) bei Aura-Soma finden und anwenden, oder aber du umgibst dich bewusst mit diesen Farben (Kleidung, farbiges Gemüse oder Obst essen, Bilder malen und aufhängen!).

Falls Edelsteine an der Transformation beteiligt waren, könntest du diese Steine für eine Weile tragen oder auch in dein Badewasser legen ... Wenn bei der Umwandlung einmal etwas ganz anderes auftauchen sollte (einmal »wuchsen« sogar Notenständer!), vertraue auch dem und den Gefühlen, die es bei dir auslöst. Vielleicht hast du sogar eine Idee, wie du auch so etwas in deinen Alltag integrieren könntest.

9 Nach der Umwandlung: Typische Fragen und praktische Hinweise

Wahre Alchemie ist die Verwandlung der Energie der Angst in die Macht der Liebe.

Emanuel[34]

Die neue Seinsqualität

Sie haben jetzt Ihre erste Realighting®-Erfahrung gemacht und dank des neuen Grund- oder Seinsgefühls tatsächlich erlebt, wie Sie zum Schluss neu auf die zuvor musterauslösende Situation reagiert haben – nämlich so, dass das Muster nicht mehr hervorgerufen wurde. Was immer Sie in jenem Moment erlebt und gefühlt haben – es sollte etwas anders gewesen sein als beim ersten Mal, als es noch die Signalwirkung hatte. Das heißt aber nicht, dass Sie sich genauso gefühlt haben müssen wie in der Natur-Landschaft in Ihrer Imagination, als Sie das neue Lebensgefühl tankten.

Dazu ein Beispiel: Einer Frau war es bei der Beerdigungsfeier eines Familienangehörigen nicht möglich, ihre Trauer zu zeigen und öffentlich zu weinen. Sie fühlte sich den Blicken aller anderen ausgesetzt und hielt ihre Tränen krampfhaft zurück.

Sie nannte das Muster »Tränen runterwürgen«. Bei der Umwandlung wuchsen gelb-orangefarbene Moosröschen, und das neue Grundgefühl, welches sie mit allen Sinnen aufnahm, war »intensiv lebendig« (in Ruhe und Frieden). Zurück in der Beerdigungssituation hat sie ihre Trauer gespürt und ihrem Schmerz freien Lauf lassen können. Sie weinte, ohne auch nur einen Gedanken an mögliche Zuschauer zu verschwenden. Im Zusammenhang mit den Moosrosen war das Gefühl sehr angenehm und glücklich gewesen – in der realen Situation ging es aber nicht um glückliches Lebendigsein, sondern um ihren Schmerz. Sie konnte nach der Transformation, auf der Grundlage der wiedergewonnenen Seinsqualität (»intensiv lebendig«) also einfach angemessen reagieren.

Zur Erinnerung: Ihr eigenes Muster, welches Sie umgewandelt haben, hatte bislang Ihr wahres Selbst verdeckt. Bei der Transformation haben Sie das Seins-Gefühl wiederbekommen, welches wirklich zu Ihrem Wesen gehört und welches bei der Musterübernahme in Ihrer Kindheit abhanden kam. Falls Sie die Langform gewählt haben, können Sie sicherlich sehen, dass dieses »gute« Grundgefühl auch in der Kindheit Ihrer Bezugsperson bereits gefehlt hat. Jetzt haben Sie den Kreis geschlossen und wiederbekommen, was verloren ging: einen Teil Ihres wahren Selbst.

Und wenn Sie nun, sozusagen auf dem Boden Ihrer eigenen Wesensqualität, wieder in die Problemsituation zurückgehen, dann können Sie schlichtweg »realitäts-angemessen« reagieren, was immer das in dieser konkreten Situation auch sein mag. Vielleicht werden Sie Schmerz oder Belustigung spüren oder sehr klar »Nein« sagen können (falls es der Situation gemäß ist), jedenfalls aber werden Sie auch dabei ganz ruhig und gelassen bleiben, nicht mehr in die Geschehnisse verstrickt sein und es auch nicht mehr »persönlich nehmen«. Das bedeutet konkret, dass Ihnen jetzt viele Verhaltensmöglichkeiten zur Verfügung stehen statt wie zuvor nur die eingleisige Spur Ihrer reflexartigen, gemusterten Reaktion.

Zunächst mag Ihnen das merkwürdig erscheinen, wenn ein Ereignis, das Sie zuvor beispielsweise tief verletzt oder auch wütend gemacht hat, Sie auf einmal ganz »kalt« lässt. Möglicherweise befürchten Sie, dass Sie Ihre Gefühle ganz verlieren, wenn Sie weiter realighten. Natürlich ist das nicht so. Was verloren geht, sind die »Emotionen«, das heißt die unangemessen heftigen, sich verselbständigenden Gefühle, die Besitz von einem ergreifen können und an die wir uns allerdings auch so gewöhnt haben, dass wir sie manchmal mit echtem Lebendigsein verwechseln. Von wirklichen Gefühlen wird man nicht »gehabt«, sondern man hat sie und fühlt sich dabei immer gut und zutiefst in Ordnung (innerlich »in Ruhe und Frieden«), auch wenn es weh tut oder sonstwie unangenehm ist. Wirkliche Gefühle können sehr tief gehen, tiefer als »Emotionen«, die immer etwas von Ausagieren und/oder Leiden an sich haben. Und echte Gefühle, egal wie tief sie gehen, fließen, das heißt, sie verändern sich und gehen auch wieder vorüber. Wahre Gefühle fügen niemandem ein Leid zu. Sie berühren auch andere Menschen in ihrer Tiefe und erzeugen Mitgefühl. Emotionen dagegen lösen in Mitbeteiligten eher einen Selbstschutz- oder Zumach-Reflex, vielleicht auch Mitleid aus. Wobei »Mitleid« im Gegensatz zu »Mitgefühl« ein Muster ist, das für keinen Menschen hilfreich ist. Ein Beispiel möge das verdeutlichen:

Ein Mensch geht im Wald spazieren und hört einen anderen um Hilfe rufen. Er eilt zu ihm hin und findet den anderen in eine Fallgrube gestürzt, wobei er sich das Bein gebrochen hat. Unser Mensch beugt sich voller Mitleid über die Grube und ruft bedauernd: »Du Armer!« Dabei verliert er das Gleichgewicht, stürzt ebenfalls in die Grube und bricht sich einen Arm. Jetzt sitzen beide in der Grube und jammern und schreien. Das hört ein Dritter und schaut nach, was geschehen ist. Er tastet sich vorsichtig so weit vor, bis er es erkennen kann. Er ruft den beiden zu: »Wartet einen Moment, ich hole Hilfe!« Dann eilt er zum nächsten Telefon und ruft den Notarztwagen und vielleicht die Feuerwehr, so dass die beiden sicher aus ihrer Grube gezogen und ärztlich versorgt werden können.

Die dritte Person zeigt Mitgefühl. Mitgefühl bewahrt genügend Distanz, so dass wahrnehmbar wird, womit dem anderen wirklich geholfen ist (man kann sich innerhalb der Situation sogar scheinbar abwenden wie in unserem Beispiel). Mitleid fällt mit in die Grube, leidet mit, und das hilft niemandem wirklich.

Der Zustand vor und nach der Transformation eines Musters ist mit diesem Beispiel vergleichbar. Vorher, im gemusterten Zustand, sieht man nur einen sehr kleinen Ausschnitt der Realität und reagiert sehr persönlich betroffen und reflexhaft darauf (wie beim Mitleid). Nach der Umwandlung ist der Horizont weiter geworden, man hat so viel innere Distanz zu dem Geschehen, dass man auch das Umfeld wahrnehmen kann und sehr viel mehr Freiheit hat, jetzt das »Richtige« zu tun (und das ist immer etwas, was zu einer »guten Lösung« für alle Beteiligten beiträgt − wie beim Mitgefühl).

Was tun, wenn ich an andere Muster stoße?

Vielleicht ist es Ihnen auch passiert, dass Sie während des Realighting® an andere Muster gestoßen sind, so dass Sie nicht ganz erfolgreich sein konnten. Wenn zum Beispiel Zweifel an Ihnen genagt haben, ob Sie es auch richtig machen – oder dass es so leicht nun wirklich nicht sein kann, oder wenn Sie sich aus anderen Gründen nicht wirklich gefühlsmäßig auf alles einlassen konnten, was unterwegs geschehen ist, dann sind Sie vielleicht noch nicht wirklich »durch« und könnten es noch einmal versuchen, sobald Sie die hindernden Muster erkannt und aufgelöst haben. Manchmal reicht es schon aus, wenn Sie während des Realightens das störende Muster erkennen und die Soforthilfe (siehe Seite 89 f.) anwenden, um ungestört weitermachen zu können.

Oftmals ist es unser »Ego«[35], das während der Umwandlung in Aktion tritt, um uns zu behindern. Es gibt sich zu Beginn der Transformationsarbeit oft alle Mühe, uns das Ganze madig zu machen, indem es die Ergebnisse oder das Verfahren »anzweifelt« und uns alle möglichen Gründe dafür liefert, warum es nicht funktionieren kann – selbst wenn es bei anderen klappen sollte, »bei mir jedenfalls nicht«! Diese Selbst-Torpedierung wird verständlich, wenn Sie sich bewusst machen, dass das Ego davon überzeugt ist, Sie mit seinen Strategien bis jetzt am Leben erhalten zu haben. Für das Ego bedeutet jede Musterauflösung ein Stück Sterben und Tod – ein Zurückgestelltwerden hinter das wahre Selbst – und natürlich wird es sich dagegen zur Wehr setzen. Also rechnen Sie damit, und lassen Sie sich nicht ins Bockshorn jagen! Mit der Zeit werden Sie, dank Ihrer sich verbessernden Lebensqualität, auch das Ego überzeugen können.

Falls es einmal vorkommen sollte, dass Sie sich am Ende eines Realighting® schlechter fühlen als vorher, das heißt, dass bei der Umwandlung etwas geschieht, was Ihnen ein schlechtes anstelle eines guten Gefühls vermittelt, dann bleiben Sie bitte dabei und lassen Sie auch das zu. Es kann sein, dass Sie auf ein tieferliegendes Muster gestoßen sind und dann einfach damit weitermachen sollten.

Ich kann mich beispielsweise an eine Frau erinnern, die ihre »Arroganz« transformieren wollte. Als sie in der Imagination zu ihrem Feld kam und die Samen ausgestreut hatte, wuchs gar nichts. Der nasse, schwere, winterliche Acker mit groben Schollen, den sie sah, blieb kalt und abweisend öde. Ich ermutigte sie, sich auch darauf mit allen Sinnen einzulassen, und sie verspürte daraufhin große innere Leere. Bezogen auf das ursprüngliche Muster wurde schnell klar, dass dieses Gefühl von innerer Leere unter der »Arroganz« verborgen gewesen war, ja, dass die Arroganz so etwas wie ein Hilfsmittel, eine Kompensation war, um ihr dieses furchtbare Gefühl zu ersparen. Sie fand diese innere Leere bei ihrer Mutter wieder und realightete sofort weiter, diesmal mit gutem Erfolg.

Woran erkenne ich, dass das Muster tatsächlich aufgelöst ist?

Normalerweise bearbeitet man ein Muster nur ein einziges Mal, und es wird danach nie mehr genauso hervorgerufen werden. Der einfachste Test, der Ihnen zeigt, ob die Transformation hundertprozentig gelungen ist, besteht im imaginativen Wiedererleben der Szene, die zuvor das Muster ausgelöst hat. *Wenn Sie am Ende des Umwandlungsprozesses neu reagiert haben, dann können Sie dieses Muster für immer vergessen!*

Tatsächlich ist es oft so, dass man das Muster gleich danach wirklich vergessen hat, dass einem nicht einmal mehr der Name einfallen will. Wie bei Träumen, die ebenfalls leicht entschwinden, ist es deshalb sinnvoll, sich sofort nach der Umwandlung das Muster, die Pflanze (oder was immer daraus entstanden ist) sowie das neue Grundgefühl aufzuschreiben (wie das aussehen kann, erfahren wir in Kapitel 10). Nur so ist später auch überprüfbar, dass dieselben Muster seither wirklich nicht mehr ausgelöst wurden. Mit Mustern ist es so ähnlich wie mit den eigenen Zähnen: Man spürt die Zähne nur, wenn man Zahnweh hat. Ist alles in Ordnung, dann ist das so selbstverständlich, dass man gar kein Bewusstsein für das Vorhandensein seiner Zähne hat.

So werden Sie in Ihrem Alltag nur selten bewusst wahrnehmen, dass ein realightetes Muster nicht mehr existiert. Da Sie die zuvor auslösenden Situationen von vornherein neu und anders erleben, müssten Sie schon sehr bewusst darauf achten, dass Sie sich jetzt anders fühlen und verhalten. Mir geht es manchmal so, dass ich bemerke, wie jemand anderes in einer ähnlichen Lage so reagiert, wie ich selbst das vor kurzem noch getan hätte (z.B. »aufgeregt sein«, wenn ich nicht wusste, was auf mich zukommen würde – etwa auf Reisen oder vor Vorträgen und Seminaren). Dann bemerke ich den Unterschied und bin froh und dankbar, dass ich jetzt so ruhig und gelassen bleiben kann. In den Seminaren und Einzelsitzungen frage ich daher immer nach, ob die transformierten Muster irgendwo wieder aufgetreten sind, damit die Veränderungen für alle deutlich werden.

Falls Sie einmal ein Rebellionsmuster transformieren, sollten Sie damit rechnen, dass danach erst das eigentliche Muster auftaucht. Im Fall unseres Beispiels von Geiz und Verschwendung (siehe Kapitel 5) würde das bedeuten, dass Sie zum Beispiel »Geld ausgeben müssen« transformieren und danach in ähnlichen Situationen über eine innere Geiz-Haltung stolpern, die Sie vorher nie an sich bemerkt haben, weil das Rebellionsmuster »verschwenden« darüber gelagert war. Aber nun, da Sie den Geiz (z.B. Ihres Vaters) wirklich am eigenen Leibe spüren können, ist die Weiterarbeit damit möglich.

Erinnern Sie sich an die Möglichkeit der Übernahme von gegensätzlichen Mustern? In Kapitel 5 wurde dies ebenfalls am Beispiel Geiz/Verschwendung verdeutlicht. Natürlich ist es auch hier so, dass der Gegenpol sehr deutlich in den Vordergrund kommt, wenn Sie nur einen Teil dieses Paares umwandeln. Also: Nutzen Sie die nächste Gelegenheit zur Bearbeitung, wenn das Gegenmuster in einer Situation deutlich wird!

Kann ich dem, was in meiner Imagination entsteht, vertrauen?

Dass bei der Umwandlung des Pulvers im Licht (Punkt 17) nicht immer Samen auftauchen müssen, wurde schon erwähnt. Manchmal entstehen aus der »Prima Materia« (die auch eine andere Konsistenz als Pulver haben kann) Keimlinge oder schon fertige Pflanzen, manchmal einfach nur Erde, auch Edelsteine, Goldstaub, Fischlaich oder farbiges Licht etc. kommen vor.

Wenn Sie mit Hilfe des Lichtstrahls und Ihres Schutzengels in der Natur ankommen (Punkt 19), muss das nicht immer auf festem Boden sein. Vielleicht landen Sie mitten im Wasser oder schweben auf einer Wolke. Auch der Ort, an dem Sie Ihre Samen (oder was immer) aussäen, muss kein Erdboden sein. Vielleicht ist da Wasser, Felsen, ein Abgrund oder Sie haben den Impuls, das, was Sie bekommen haben, einfach in die Luft zu werfen oder zu pusten (wie z.B. Löwenzahnsamen oder Federn).

Wichtig ist, dass Sie während des Prozesses Ihre Eingebungen spüren und ihnen nachgeben; das heißt, dass Sie sich auf alles einlassen, was geschehen will. Wenn etwas wächst oder geschieht, was Ihnen nicht gefällt, dann erinnern Sie sich bitte daran, sofort wieder offen wie ein kleines Kind zu werden, das heißt sich ohne jegliche Wertung auf die sinnliche Erfahrung einzulassen. Dann kann etwas, was Sie als Erwachsener eigentlich ablehnen, Ihnen dennoch die Gefühle vermitteln, um die es geht. Einmal wuchsen bei einer Seminarteilnehmerin Gladiolen, die sie überhaupt nicht leiden konnte. Als sie sich dennoch in der inneren Kind-Haltung darauf einließ, spürte sie diese Geradheit und Aufgerichtetheit, die etwas Majestätisches hatte, und konnte dieses Empfinden in sich aufnehmen – und das war für sie die Lösung. Bei anderen Teilnehmern entstanden auch schon Disteln, Brennesseln, Schlingpflanzen und anderes, was zunächst nicht gerade einladend wirkte, durch die unvoreingenommene Haltung des heilen Kindes offenbarten diese Pflanzen dann allerdings doch ihre »Geschenke«!

Die alchimistischen Grundprinzipien und individuelle Variationsmöglichkeiten

Im Prozess der Transformation kann im Grunde nichts schief gehen, wenn Sie das angegebene Rezept genau befolgen. (Schlimmstenfalls landen Sie bei einem tieferliegenden Muster, mit dem Sie dann weiterarbeiten können.) Später, wenn Ihnen der Ablauf klar ist, können Sie natürlich auch damit experimentieren. Unabdingbar ist allerdings auch dann, dass Sie bei der Alchimie der Seele einige der alchimistischen Grundprinzipien zur »Erhöhung« (Exaltatio) von Substanzen beherzigen:

Separatio[36], **Trennung** = ein Muster aus der Vielzahl herausdifferenzieren, es benennen und aus dem Körper herausnehmen.

Calcinatio, **Pulverisieren** = es in die »Prima Materia«, also in seine Atome zermahlen (auch *Solutio* genannt, falls Sie es zum Beispiel mit Säure auflösen, verflüssigen).

Purificatio, **Reinigung** = für die Phasen der Verwandlung muss dieses Material der »Hitze«, dem »heiligen Feuer«, eben einer transformierenden Energie ausgesetzt werden: himmlischer, heilender Energie im Licht und irdischer, wachstumsfördernder Energie in der Natur.

Cohabatio, chymische Hochzeit, **Wiedervereinigung** = das neue Grundgefühl, das gewonnene Gold, muss wieder in den Körper aufgenommen werden.

Und nicht vergessen:

Coagulatio oder *Fixatio*, **Binden** oder **Verfestigen** = am Schluss *immer* noch einmal in die alte Situation zurückzugehen, die Veränderung erleben und damit **fixieren**!

Ohne diesen letzten Schritt ist der Kreis nicht geschlossen, die neue Verbindung nicht »geknüpft« und dauerhaft fixiert. Die Erfahrung der veränderten Verhaltensmöglichkeit steht Ihnen dann nicht zur Verfügung, und das Muster könnte in Zukunft wieder ausgelöst werden.

Beispiele für mögliche Abwandlungen während des Prozesses wären:

Beim Zerstören der Buchstaben nicht die Kaffeemühle benutzen, sondern zum Beispiel einen Mörser, eine Dampfwalze, Säure, Feuer oder ...

Falls Sie Schwierigkeiten mit der Vorstellung von Licht oder Ihren heilenden Händen haben, können Sie natürlich zur Energiezugabe auch einen Backofen oder einen Schmelztiegel und Feuer benutzen. Auch das Bild vom »Sterntaler« tauchte schon auf, was dem alchimistischen Vorgang sehr nahe kommt, wenn man sich dazu vorstellt, dass das zermahlene, »getötete« Muster irgendwie zum Himmel aufsteigt und dann verwandelt zurückkommt wie die Sterne, die unserem Märchenkind als Taler in die aufgehaltene Schürze fallen.

Wie schon in der Übungsanleitung erwähnt, finden manche Menschen für sich eine Form des Realighting®, die zwischen der Kurz- und der Langform liegt, indem sie nicht bis in die Kindheit der Eltern zurückgehen, sondern nur bis in ihre eigene Kindheit. Spielen Sie mit den Möglichkeiten, und finden Sie die für Sie und für das jeweilige Muster geeignetste Form!

Realighting® unterwegs

Wenn Sie den Ablauf des Transformationsprozesses gespeichert haben, so dass Sie unabhängig von der schriftlichen Anleitung (oder der CD) geworden sind, wird es viel schneller gehen, und Sie können dann natürlich fast überall realighten. Früher habe ich es oft zwischen Wohnung und Praxis während der U-Bahn-Fahrt getan. Ich setzte mich in eine Ecke, schloss die Augen und ging in der Vorstellung durch den gesamten Prozess. Nach 15 Minuten war ich am Zielbahnhof und hatte ein Muster weniger!

Realighting®-Soforthilfe

Noch ein wichtiger Tipp zur Soforthilfe: Falls Sie in einer Situation direkt bemerken, wie ein Muster bei Ihnen ausgelöst wird, können Sie augenblicklich etwas dagegen unternehmen! Es handelt sich dabei um eine Art »erste Hilfe«, die für den Augenblick wirkt, aber nicht von Dauer ist. Um das Muster dauerhaft loszuwerden, ist bei der nächsten Gelegenheit ein vollständiges Realighting® notwendig.

Mal angenommen, Sie bemerken, wie ein Muster bei Ihnen ausgelöst wird: Sie befinden sich beispielsweise in einer Teambesprechung, und Ihr Chef sagt etwas zu Ihnen, was Sie als Kritik und Bloßstellung erleben. In diesem Moment bemerken Sie, dass »Sich-bloßgestellt-Fühlen« ein Muster ist. Finden Sie jetzt in Gedanken diese Reaktion bei einer Bezugsperson Ihrer Kindheit wieder und spüren Sie, wo in Ihrem Körper das Muster lokalisiert ist. Treffen Sie dann eine Entscheidung gegen dieses Muster, zum Beispiel: »Dies ist ein Muster und ich will nicht, dass es mich und meine Reaktion jetzt bestimmt – ich will es definitiv jetzt nicht haben!«

Nehmen Sie anschließend dieses Muster mit einer kleinen Handbewegung genau aus dem Körperteil heraus, in dem Sie es spüren können, und »vernichten« Sie es. Das heißt, Sie lassen es irgendwie unauffällig verschwinden, indem Sie es zum Beispiel in einem Schmierpapier zerknüllen und in den Papierkorb werfen oder indem Sie gedanklich ein schwarzes Loch in der Erde erfinden, in das Sie das Muster fallen lassen und das sich dann wieder schließt. Oder indem Sie kurz, wie zum Luftschnappen, ans Fenster gehen und es rauswerfen. Oder indem Sie auf die Toilette verschwinden und es runterspülen. Oder indem Sie es Ihrem Schutzengel zur Vernichtung übergeben.

Es gibt viele Möglichkeiten, am besten haben Sie für Notfälle ein paar parat und sind dann doch frei genug, in einer speziellen Situation das zu erfinden und zu tun, was für die anderen am unauffälligsten ist. Sowohl die Handbewegung zum Rausholen des Musters als auch das Verschwindenlassen kann sehr dezent passieren. Wichtig bei dieser Vorgehensweise ist eine konkrete Handlung, die auch den Körper einbezieht. Wenn Sie wirklich entschlossen sind, diesem Muster jetzt nicht das Steuer zu überlassen, werden Sie die Wirkung des kleinen Rituals sofort spüren, auch wenn Sie es innerhalb der Situation vielleicht einige Male anwenden müssen, weil es nicht dauerhaft, sondern nur für diesen einen Moment wirkt, in dem Sie sich für das Freisein von diesem Muster entscheiden.

10 Fallbeispiele

> Die Wiedererweckung eines wesentlichen Bestandteils
> des Menschseins ist das Ziel der Menschheit.
> Der Mensch ist von seinem Wesen getrennt,
> und deshalb ist sein Leben unerfüllt und voller Mißklänge.
> Er muß versuchen, die Asche zu läutern und das Gold zu gewinnen.
> Das Mittel dazu liegt im Menschen, es ist der Stein der Weisen ...
> Für die Sufis ist der Stein *dhat*, das Wesen;
> es hat so viel Macht, daß es alles,
> was mit ihm in Berührung kommt, verwandeln kann.
> Es ist das Wesen des Menschen, das teilhat an dem,
> was die Menschen das Göttliche nennen.
> Es ist »Sonnenlicht«, fähig,
> den Menschen auf eine neue Stufe zu heben.
>
> *Idries Shah*[37]

Die Realighting®-Anweisung an sich ist wie ein Kuchenrezept (was einigermaßen garantiert, dass wirklich etwas Genießbares dabei herauskommt; wenn man keine Ahnung vom Kuchenbacken hat und es ohne Anleitung ausprobiert, wird man lange experimentieren müssen ... falls überhaupt jemals etwas Kuchenähnliches dabei entsteht) – oder eben wie eine alchimistische Anleitung zur Herstellung von »Gold«. Was dabei dann aber persönlich erfahren wird, ist so vielfältig und so individuell, wie Menschen eben unterschiedlich sind. So werden kaum je zwei Menschen, die das gleiche Muster umwandeln, auch die gleiche Auflösung erfahren.

Als ich vor vielen Jahren zum ersten Mal mit Bach-Blüten in Kontakt kam, habe ich die Beschreibungen der Blütenessenzen durchgelesen und mir diejenigen zum Einnehmen herausgesucht, die ich passend fand. Als ich diese Mischung dann einnahm, verspürte ich keinerlei Wirkung und setzte sie wieder ab. Dann kam mir die Idee, die Fläschchen für mich auszupendeln. Erst danach las ich die Beschreibungen und fand sie sehr stimmig – es gab Ähnlichkeiten zu dem, was zuvor mein Intellekt ausgesucht hatte, aber es waren andere Blüten mit einer etwas anderen Gewichtung der »Symptome«. Als ich von dieser neuen Mischung die ersten Tropfen nahm, spürte ich die Wirkung sofort: Es war, als würden Gewichte von meinen Schultern genommen und ich konnte spontan tief und frei durchatmen.

So ähnlich stelle ich mir die Wirkung eines gelungenen Realighting® vor. Wenn wirklich diejenigen Blüten (oder was immer) auftauchen, die meine Schwingung in diesem Moment so erhöhen, dass ich die verloren gegangene Seinsqualität wieder spüren kann, dann ist das Muster aufgelöst, es hat eine »Transmutation« in das inhärente »Gold« stattgefunden.

Natürlich differiert dieses abhanden gekommene Seinsgefühl bei verschiedenen Menschen je nach Familiensituation, in der das jeweilige Muster entstanden ist. So kommt es manchmal vor, dass zwei oder mehr TeilnehmerInnen einer Gruppe ein gleichlautendes Muster (z.B. »sich eingeengt fühlen«) verwandeln und jeder eine andere, für ihn jeweils stimmige Auflösung erfährt. Während der eine sich nach der Umwandlung vielleicht »frei und leicht« fühlt, wird der oder die andere möglicherweise ein neues Gefühl von »Geborgenheit« erleben. Bei einem Realighting®-Übungsabend haben beispielsweise zwei Teilnehmerinnen das Muster »sich unter Druck gesetzt fühlen«

umgewandelt. Bei beiden wuchsen Wicken (*Sweet Pea* bei den Kalifornischen Blütenessenzen). Die eine Teilnehmerin erlebte als neues Grundgefühl »sich beschützt fühlen« (in Ruhe und Frieden), die andere »wachsen dürfen« (i.R.u.Fr.).

Wenn also bei mehreren Personen die gleichen Pflanzen wachsen, wird dennoch jede genau das Grundgefühl dabei erleben, welches damals in der Kindheit verloren ging – und das kann, wie gesagt, völlig unterschiedlich sein. Vier SeminarteilnehmerInnen, bei denen während der Umwandlung Sonnenblumen wuchsen, hatten zum Beispiel folgende Muster und Auflösungen: »Klein sein« wurde mit Hilfe der Sonnenblume zu »Ruhe und Freiheit« (i.R.u.Fr.), »sich vernichtet fühlen« wurde zu »angekommen sein« (i.R.u.Fr.), der »Sog, nach unten zu springen« (am Rande eines Abgrunds) wurde zu »ruhig und entspannt sein« (i.R.u.Fr.) und »Recht haben müssen« verwandelte sich in »Lebensfreude« (i.R.u.Fr.).

Man kann auch selber die gleichen Pflanzen bei verschiedenen Transformationen erhalten, doch der Schwerpunkt des Erlebens ist jedesmal anders. Ein Mann hatte zweimal hintereinander Mais bekommen (»Corn« bei den *Kalifornischen Blütenessenzen*), das erste Muster hieß »willenlos sein« und er empfand »Kraft« (i.R.u.Fr.), das zweite Muster war »misstrauisch sein« und er fühlte sich im Mais »behütet und geschützt« (i.R.u.Fr.).

Nicht nur die Ergebnisse sind sehr unterschiedlich, auch der Weg dahin wird sehr mannigfaltig erlebt. Manche Menschen haben sehr intensive spirituelle Erfahrungen, beispielsweise mit den Schutzengeln oder im Licht, wozu sie vorher vielleicht überhaupt keinen Bezug hatten. Bei anderen Menschen läuft das Ganze möglicherweise eher pragmatisch oder auch mit einer gewissen Komik ab.

Im Anschluss werde ich einige persönliche Aufzeichnungen von SeminarteilnehmerInnen übermitteln, so dass Sie ein Gefühl für die Vielfalt der Erlebnisse bekommen können. Dies möge Ihnen dabei helfen, auch Ihren eigenen Erfahrungen zu vertrauen – wie eigenartig und unverständlich sie zunächst auch sein mögen.

Beispiele aus dem Straßenverkehr

Am 9. Juni 1997 erschien in der *Süddeutschen Zeitung* ein Artikel mit der Überschrift:»Im Seelenstau am Servolenker – Frust statt Lust: Der Autoverkehr als die ›größte offene Psychiatrie‹?«, der ein brisantes Thema abhandelt:»Man ist ein anderer Mensch, wenn man ins Auto steigt‹, führte der Sozialwissenschaftler Ludger Lütkehaus bei einer Tagung der Gesellschaft für Strahlen- und Umweltforschung in München aus. Dies bestätigen auch die Erkenntnisse der Verkehrspsychologie. Wie ein Katalysator wirkt das Auto auf die Persönlichkeit ein, bringt noch im Verborgenen schlummernde Neigungen ans Licht und fördert deren hemmungsloses Ausleben.« In der *SZ* vom 2. Juli 1997 findet sich ein weiterer Artikel mit der Überschrift:»Auf den Highways fährt die Gewalt mit. Immer mehr Autofahrer in den USA legen im Straßenverkehr eine ungeahnte Brutalität an den Tag.«»Manche holen den Baseballschläger aus dem Kofferraum. Andere greifen gleich zur Pistole im Handschuhfach. ›Road Rage‹ nennen die Amerikaner diese höchste Form von Asphalt-Aggression, wenn Autofahrer jede Beherrschung verlieren ... Ursachen dieser gesteigerten Aggressivität sind nach Studien archaische Muster. Manche Autofahrer fühlten sich durch Schneiden oder dichtes Auffahren in ihrem ›Revier‹ belästigt. Stressfaktoren wie Geschwindigkeit und Enge und Machtfaktoren wie größere Motorstärke könnten dann plötzlich den Trieb wecken, den Eindringling zu verjagen oder gar zu töten.«

In diesen Zeitungsausschnitten wird deutlich, dass in der Stresssituation des Straßenverkehrs Signale enthalten sind, die bei den dafür empfänglichen Menschen schlafende Muster auslösen. Die daraus folgenden realitätsunangemessenen Reaktionen können mit Realighting® aufgelöst werden, wie die zwei folgenden Beispiele zeigen:

Sabine S., eine 29-jährige Journalistin, berichtet:
»Bei einem Stau auf dem Mittleren Ring bin ich regelrecht ›ausgeflippt‹. Weil mir diese Überreaktion öfter passiert, habe ich dieses Erlebnis realightet. Die Situation verhielt sich folgendermaßen: Wegen eines Verkehrsunfalls auf der rechten Fahrbahn mussten die Fahrzeuge in die linke Spur überwechseln und einfädeln. Ich war bereits auf der linken Seite und sah rechts an mir immer wieder Autos vorbeifahren und weiter vorne einscheren, so dass ich mich zurückgedrängt fühlte. Als dann zwei Busse an mir vorbeizogen und der dritte vor meinem Auto auf meine Fahrbahn zusteuerte, wollte ich ihn nicht reinlassen. Der Bus fuhr immer näher an mein Auto, so dass beide Spiegel nur einen Zentimeter voneinander entfernt waren. In diesem Moment fühlte ich mich bedrängt und flippte aus. Mein Herz raste und ich hielt regelrecht die Luft an. Spontan stellte ich mein Auto ab, stieg aus und baute mich vor der Busfahrertür auf. Ich klopfte an die Scheibe und beschimpfte den Busfahrer.

Als ich mein Verhalten beim Transformationsprozess Revue passieren ließ, fiel mir auf, dass sowohl mein Vater als auch meine Mutter das Muster ›Ausflippen‹ lebten. Ich erfuhr, dass mein Vater als Kind die Aufmerksamkeit seiner Mutter gebraucht hätte; er hatte gewollt, dass sie ihn mehr ansah, ihn bei der Hand genommen und Verschiedenes erklärt hätte; es hätte ihm geholfen, wenn sie liebevoller zu ihm gewesen wäre und ihm gesagt hätte, dass er ein wertvoller Mensch sei und sie ihn in seiner Art liebe. Bei meiner Mutter stellte ich fest, dass diese sich als Kind von ihrer Mutter gewünscht hatte, mehr Zeit von ihr zu bekommen, dass die Mutter aufmerksamer mit ihr umgegangen wäre, mit ihr gespielt und sie im Arm gehalten hätte.

In der heilenden Landschaft mit wunderschönen roten Rosen und tiefem weichem Gras wuchsen aus den transformierten zermahlenen Buchstaben duftende Heckenrosen. Als Genesungsspruch hörte ich ›Aufmerksamkeit und Sanftheit in Ruhe und Frieden‹. Als ich mir die Stausituation dann noch einmal vor Augen führte, fühlte ich mich nicht mehr ignoriert und konnte den Bus großzügig vor mir einbiegen lassen.

Das Ausflippen in dieser Art ist mir seither nicht mehr passiert. Wenn ich mich in einer Situation befinde, in der ich mich irgendwie benachteiligt und ignoriert fühle, dann tritt die automatische Reaktion nicht mehr ein. Ich bin fähig, bewusst zu handeln.«

Die Zusammenfassung[38] dieses realighteten Musters könte so aussehen:

Muster: »Ausflippen«

Neues Grund- oder Seinsgefühl: »Aufmerksamkeit und Sanftheit« (in Ruhe und Frieden)

Samen/Blüten: Gras, rote Rosen, Heckenrosen

Die Heckenrosen, die bei Sabine die Lösung brachten, gibt es als *Wild Rose* bei den Bach-Blüten und als *California Wild Rose* bei den Kalifornischen Blütenessenzen. Der Zusammenhang mit dem Muster und der Auflösung lässt sich hier nicht ohne Weiteres erschließen, da die Heckenrose als Mittel bei Resignation, Apathie und Angst gegeben wird. Meine Vermutung ist, dass die dem Ausflippen zugrunde liegende Haltung von »benachteiligt«, »ignoriert«, aber auch das »sich bedrängt fühlen« in Richtung Hoffnungslosigkeit und Angst geht, aber mit »Ausflippen« kompensiert wurde. Es gibt die »Wilde Rose« auch bei den *Harebell-Arzneien*. Der Hinweis dazu: »... gibt Ihnen das Gefühl, sanft, warm, zufrieden, sinnlich, unbekümmert und unabhängig zu sein«[39] trifft das Ergebnis bei diesem Realighting® (Aufmerksamkeit und Sanftheit) relativ am Besten. Im Zweifelsfall empfehle ich, dem inneren Wissen und der gerade gemachten Erfahrung über die Wirkung der Pflanzen zu vertrauen, die Blütenessenz eine Zeit lang einzunehmen und zu schauen, was passiert.

Sabine hat natürlich auch das »Sich-benachteiligt-Fühlen« und das »Sich-ignoriert-Fühlen« in der beschriebenen Situation inzwischen als Muster entlarvt und realightet.

Das zweite Verkehrs-Beispiel stammt von Isolde, einer 66 Jahre alten Künstlerin:

»Nach dem Realighting®-Einführungsabend am Freitag fuhr ich gegen 22.30 Uhr bei Glatteis heim. Ich hielt mit dem Auto an einer Ampel, die Rot anzeigte, und durch einen BMW-Fahrer, der neben mir stand, fühlte ich mich zu einem nicht ganz ungefährlichen Wettkampf aufgefordert. Mein zwanghaftes Eingehen auf sein Spiel – beim Start Erster sein zu müssen – sollte ihm beweisen, dass ich mit meinem kleinen

Auto, das über viel weniger PS verfügt, durch schnelle Reaktion auf kurzer Strecke Sieger sein kann. Dieses Wettkampfgebaren wiederholte sich einige Male, und es dauerte eine ganze Weile, bis ich es als zwanghaftes Verhaltensmuster registrierte: ›Erster sein müssen‹, so benannte ich es. Ich versuchte nachzuspüren, wie weit mich dieser Gedanke vereinnahmt hatte und wie angespannt ich während der Aktion hinter dem Lenkrad saß. Erst durch ein bewusstes Loslassen merkte ich, wie sich meine Muskeln im Nacken- und Schulterbereich verkrampft hatten. Hier blockierte also das Muster meinen Körper. Hier bereitete es Schmerzen.

Von wem hatte ich es wohl übernommen? Die Fahndung nach der Bezugsperson ließ mich entdecken, dass ich mit diesem Muster doppelt belastet war; sowohl mein Vater als auch meine Mutter waren von dem Erster-sein-Müssen besetzt.

Der Wunsch, das zwanghafte Verhalten loszuwerden, drängte sich mir ganz von selbst auf, und so konnte ich mich am nächsten Morgen, innerhalb der Gruppe, problemlos auf die vorangehende Körperarbeit einlassen und es – das heißt das Muster – sinnbildlich mit einem Stock zerschlagen. Innerhalb der von Ingrid geführten Imagination erlebte ich dann in meinem Vorstellungsbereich sehr klar und lebendig, wie beide Elternteile, selbst noch im Kindesalter, dieses Muster unter traurigen Umständen wiederum von ihren Bezugspersonen übernommen hatten. Tiefes Mitgefühl und Verständnis für ihre Situation erfüllte mich. Diese Bilder, verbunden mit einem Heilungsprozess, berührten mich sehr.

Eine weitere Aktion auf der Phantasiereise leitete die Aufforderung ein, das Muster Buchstabe für Buchstabe auszuradieren. In der Vorstellung riss ich es aus meinem Schulter- und Nackenbereich heraus und zermahlte es, von lautem

Knirschen und Knacken begleitet, in einer alten großen handbetriebenen Kaffeemühle. Ich hörte und spürte, wie sich einzelne Buchstaben quer legten und sich gegen dieses Verfahren sträubten. Ich kann mich nicht erinnern, dass ich in meinem bisherigen Leben etwas mit so großer Freude zerstört habe. Das Muster musste total vernichtet werden. Am Ende des Prozesses fand ich in der Schublade der Mühle ein gelbliches Mehl. Dieses Pulver, durchflutet von heilender Lichtenergie, verwandelte sich vor meinem inneren Auge in kleine stachelige Sonnen (= Samen), die in meiner Hand anfingen zu tanzen.

Schließlich führte uns Ingrid jetzt zu einer weiteren Station der Reise. Ich landete nahe an einem kleinen Stückchen Land, das schon für die Aussaat vorbereitet war. Neugierig betrachtete ich das Umfeld und fand mich in einer kärglichen, karstigen, südlichen, von der Sonne ausgebrannten Landschaft wieder und grub in mühevoller Arbeit die tanzenden Samen in die trockene harte Erde. Gebannt schaute ich zu, ob meine Samen zu keimen begännen, und mit Freude bemerkte ich, wie sich aus diesem ausgebrannten Boden in majestätischer Schönheit und bizarrer Form eine fast mannshohe Distel entfaltete. Ich war sprachlos, denn ich hatte nicht erwartet, dass da überhaupt etwas wächst, und war zugleich voller Bewunderung für die Ausgewogenheit und Vielgestaltigkeit der Pflanzenform. Auch die feine Farbschattierung zwischen Oliv, Silber und Violett faszinierte mich. Mit ehrfürchtigem Staunen war ich in die Betrachtung des artischockenartigen Gewächses versunken. Diese Bewunderung, die ich sehr intensiv und tief in meinem Innersten spürte, füllte jetzt mein ganzes Sein aus. Und als ich in meiner Vorstellung in die das Muster auslösende Situation zurückkehrte, war es ganz unwichtig geworden, Erster zu sein. In der Rückbesinnung sah ich mich an der Verkehrsampel bei Rot im Auto sitzen und gelassen zuschauen, wie der BMW-Fahrer mich auffordernd angrinste, angespannt bei Grün startete und davonrauschte. In dieses Spiel fühlte ich mich nicht mehr verstrickt.

Inzwischen sind vier Monate vergangen und ich fühle mich in ähnlichen Situationen nie mehr von dem zwanghaften Verhalten besessen, Erster sein zu müssen. Dieses Wettkampffieber, das meinen Verstand auf seltsame Weise blockierte und mich einfach zum Handeln antrieb, erlebte ich in dem geschilderten Zusammenhang nicht mehr. Für mich ist es ein kleines Wunder, wenn ich jetzt lässig hinter dem Lenkrad sitze und bei einer gleichen Herausforderung nur sage: Nein danke! Mit mir gibt es dieses Spiel nicht mehr. Ich bin befreit.«

Muster: »Erster sein müssen«

Neues Grund- oder Seinsgefühl: »Bewunderung« (in Ruhe und Frieden)

Samen/Blüten: Artischockenartige Distel

Dieses Beispiel zeigt, dass in der Kindheit, als das Wettkampfmuster übernommen wurde, das Gefühl von »Bewunderung« und »Staunen« verloren ging. Auf dem Boden dieser wirklich zu ihr gehörenden Seinsqualität konnte die Seminarteilnehmerin an der Ampel realitätsangemessen, nämlich gelassen reagieren.

»Thistle« (Distel) gibt es u.a. bei den *Findhorn Essenzen* unter dem Überbegriff: »Mut«. Man gibt es bei Furcht, beim Kampf-oder-Flucht-Syndrom (!), beim Gefühl der Machtlosigkeit. Es hilft, in schweren Zeiten wahren Mut zu finden und mit positivem Tun zu reagieren. Bei den *Harebell-Arzneien* steht bei der Distel: »Für Ehre, Würde, Selbstachtung. Hilft Ihnen, Ihren Glauben zu bewahren, Ihre Integrität zu vertei-

Situation: Start mit dem Auto an der Ampel.
BMW-Fahrer reizt mich und ich lasse mich
auf einen Wettkampf ein

| Erster sein müssen | Ⓥ + Ⓜ |

Nacken / Schulter

Samen: stachelige, gelbe rotierende Kugeln

Distel

Landschaft: Italien, ausgebrannter, sehr kargiger Boden

Bewunderung für diese majestätische Schönheit

Ausgangssituation: Fühle mich nicht mehr zum Wettkampf aufgefordert, kann lässig den BMW-Fahrer losfahren lassen.

digen und zu tun, was Sie für richtig halten.« All das passt ganz gut zu dem »gemusterten« Erlebnis und zur Auflösung der Situation.

Wie Isolde dieses Muster aufgezeichnet hat, zeigt die Abbildung auf der vorangegangenen Seite.

Ausbildung und Beruf

Ein weiterer Lebensbereich, der durch Muster stark beeinträchtigt wird, ist der Arbeits- und Berufssektor (Leistung!). Es folgt zunächst wieder ein Zitat aus einem Bericht in der *Süddeutschen Zeitung* vom 12. Juni 1997 mit Überschrift: »Joker für Verlierer. Wer schwer Kontakte bekommt und schlecht belastbar ist, fällt leicht durch das Bildungssystem.« Wir lesen: »Die *drop outs* unseres Bildungssystems zeigen durchwegs ähnliche Verhaltensmuster, hat Karlheinz Thimm vom Brandenburger Projekt *Schule des Lebens* festgestellt: Sie erscheinen leistungsschwach oder aggressiv, sozial erfolgsarm oder resigniert, regelunwillig und provokant oder ängstlich, unkontrolliert oder konzentrationsarm, mutlos und kurzatmig, massiv kontaktbeeinträchtigt oder nicht planungsfähig – und in jedem Fall kaum belastbar, leicht verunsichert und kränkbar. Fast alle sind bzw. erleben sich als einsam, unbeliebt, leidenschaftsarm, zeigen ›Einordnungs- und Normalitätsdefizite‹. Dabei fordert die ›Normalität‹ immer bessere Anpassungsleistungen: Wer Ausbildung und Arbeit haben und behalten will, muss stabil und gut sein.«

Das Beschriebene ist ein massives Beispiel dafür, wie Muster Erfolg verhindern. Es gibt inzwischen Realighting®-Trainerinnen, die erstaunliche Erfolge mit Schülern erlebt haben.

Auch Studenten oder andere, schon reifere Auszubildende mit ihren Lernschwierigkeiten und Prüfungsängsten können davon profitieren.

Ein ungefähr 30-jähriger Seminarteilnehmer, der auch den Quadrinity-Prozess absolviert hat, gab seine persönliche Rückmeldung wie folgt:

»Ich bin als angehender Techniker mit einer gewissen Portion Skepsis an den Quadrinity-Prozess und später an das Realighting® herangegangen. Die Erlebnisse in den vergangenen Monaten haben mich immer eines Besseren belehrt, vor allem ist es für mich jedes Mal ein Ausflug in eine Traumwelt, in der ich in der geliebten Natur ein Bad nehmen kann.

Den ersten offensichtlichen Erfolg mit dem Realighting® hatte ich vor Weihnachten bei einer Prüfung, die ich jahrelang vor mir hergeschoben hatte und wo viel Angst im Spiel war. Ich hatte in der Nacht vor dieser mündlichen Prüfung die totale Panik, mir ist eingefallen, was alles nicht in meinem Kopf ist, und habe im Stand rotiert. Irgendwie habe ich mich dann aufgerafft und hab angefangen, mir die Prüfungssituation vor Augen zu führen und bin eine ganze Handvoll Muster durchgegangen. In der Prüfungsstunde beim Professor war ich so locker wie noch nie, ich habe mich durch gar nichts aus der Ruhe bringen lassen. Da ich schriftlich eine Woche zuvor nicht sehr gut abgeschnitten hatte, wäre ich froh gewesen, das Ganze irgendwie zu überleben. Doch zum Schluss hat der Professor gesagt: ›Herr S., ich habe das Gefühl, da wäre noch mehr drin gewesen!‹, und hat mir dann eine bessere Note gegeben.

Ich hätte nicht gedacht, dass das Realighting® sofort wirkt, dieses Erlebnis hat mich eines Besseren belehrt.«

Leider fehlen zu diesem Beispiel die konkreteren Angaben über den Ablauf, so dass hier die Aufgliederung in Muster, neues Seinsgefühl und Pflanzen nicht gemacht werden kann. Soweit ich es verstanden habe, war das gute Prüfungsergebnis die Folge einer ganzen »Handvoll« Realightings®.

Das nächste, ausführliche Beispiel aus dem beruflichen Kontext stammt von einer 30-jährigen Frau und behandelt eine Bewerbungssituation:
»Im Frühjahr 1994 hatte ich mich als Geprüfte Pharmareferentin um eine Anfangsstelle bei verschiedenen Pharmafirmen beworben. Trotz der damals sehr schwierigen Arbeitsmarktlage für Pharmareferenten war bei mir das Verhältnis geschriebene Bewerbung zu Einladungen zu Vorstellungsgesprächen ziemlich gut. Hier nun die Ausgangssituation während eines dieser Vorstellungsgespräche:

Das Gespräch fand in einem Hotel am Stuttgarter Flughafen statt. Wie allgemein üblich wurde das Gespräch nicht nur mit einem Gesprächspartner geführt, sondern mit mehreren. Bei diesem Termin war es sogar so, dass verschiedene ›Stationen‹ eingerichtet waren, die es zu durchlaufen galt. So wurde an einer Station beispielsweise das Fachwissen geprüft, an einer anderen Allgemeinwissen und an einer weiteren persönliche Kompetenzen und so genannte Schlüsselqualifikationen. Bei den Stationen, die das Wissen abfragten, hatte ich absolut keine Schwierigkeiten, ich weiß (und es wurde mir hinterher bestätigt), dass es da gut gelaufen ist.

Bei der letzten Station jedoch stellte mir meine Gesprächspartnerin folgende Aufgabe: ›Sie haben das Produkt bisher hervorragend verkauft. Nun verkaufen Sie sich selbst!‹ Dieser Satz ›Nun verkaufen Sie sich selbst!‹ bewirkte bei mir eine totale Sprech- und Denksperre. Ich dachte nur noch ›jetzt ist das Gespräch gelaufen‹ – und so war es dann auch. Denn ich war einfach nicht in der Lage, meine Vorteile als Bewerberin um diese Stelle zu präsentieren. Wobei mich die Frage eigentlich nicht überrascht hatte, da ich sie in ähnlicher Form zu Hause bereits vorbereitet hatte. Aber in dieser Situation fiel mir zu meiner Person nichts Vorteilhaftes mehr ein, womit ich meine Gesprächspartnerin hätte überzeugen können. Ich hatte plötzlich das Gefühl, ›ich bin diese Stelle nicht wert!‹. Es war, als ob ich meinen Vater sagen hörte: ›Das schaffst du nicht! Du bist eh ein Versager! Alle anderen sind besser als du! Du bist nichts und du kannst nichts! Das habe ich dir doch immer wieder gesagt.‹ Ich war gar nicht mehr in der Lage, mir meine Vorbereitung zu Hause ins Gedächtnis zu rufen. Natürlich habe ich diese Stelle nicht bekommen, weil ich mich nicht verkaufen konnte.

In einer Therapiesitzung haben wir genau diese Situation drei Jahre später realightet, weil ich mich neu bewerben wollte und meine damalige Reaktion einfach nicht verstehen konnte.

Kurz darauf (ein oder zwei Wochen später) erhielt ich von einer anderen Pharmafirma ein Einladungsgespräch, das in einem Hotel am Münchener Flughafen stattfinden sollte. Daher war die Atmosphäre mit der vor drei Jahren nahezu identisch. Hier jedoch hatte ich lediglich einen Gesprächspartner. Nachdem er zu Anfang ebenfalls das Wissen abgefragt hatte, kam plötzlich wieder die Frage ähnlich der, die damals das Muster ausgelöst hatte: ›Überzeugen Sie Ihren Gesprächspartner von sich selbst!‹ (Damals: ›Nun verkaufen Sie sich selbst!‹) Doch nun lief die Situation ganz anders ab. Ich war auf einmal in der Lage, meine Vorteile angemessen zu präsentieren. Ich begann einfach zu sprechen und durch das ›Sprechdenken‹ konnte ich mich gut darstellen. Dies war mir nur aufgrund des kurz zuvor erfolgten Realightings® möglich. Denn mein erster Gedanke in der neuen Situation war: ›Claudia, du bist gut, erzähl es ihm. Und wenn er dich nicht will, so hat er Pech gehabt – nicht du.‹ Das Realighting® hat bewirkt, dass ich die Situation aus einem ganz anderen Blickwinkel wahrnehmen und entsprechend anders reagieren konnte.

Diesmal habe ich die Stelle erhalten. Bereits beim Verlassen des Raumes hatte ich den Eindruck, ›du hast die Stelle‹. Zwei Tage später erhielt ich die telefonische Zusage.«

Ergänzend zu dieser persönlichen Rückmeldung füge ich noch ein paar Informationen aus meinen Unterlagen bei. Das Muster, das bei dem ersten Vorstellungsgespräch ausgelöst wurde, hatte Claudia »Jalousie runter« benannt; das neue Grund- oder Seinsgefühl »unbeschwert und frei« entstand in ihrer Phantasielandschaft inmitten weißer Sterne und einer orange-rot-gelben Seerose.

Muster: »Jalousie runter«

Neues Grund- oder Seinsgefühl: »unbeschwert und frei« (in Ruhe und Frieden)

Samen/Blüten: weiße Sterne, orange-rot-gelbe Seerose

»Weiße Sterne« erinnern an »Star of Bethlehem« (Goldiger Milchstern) bei den *Bach-Blüten*. Diese Blüte ist ein Bestandteil der Notfallessenz und wird bei Schocks gegeben, unter anderem in Situationen, wo es einem »die Sprache verschlägt«. Die Wirkung wird als *innere Lebendigkeit, geistige Klarheit und innere Kraft* beschrieben. Bei den *Indischen Baum- und Blütenessenzen vom Himalaya* kommt eine Seerose (Water Lily) vor, leider ohne Farbangabe. Die dort gegebene Beschreibung über die Wirkungsweise lautet: »Für Menschen, die so schüchtern sind, dass ihr Leben ziemlich schmerzhaft ist. Beseitigt Furcht und fördert die Aufgeschlossenheit, so dass Sie wieder Freude am Leben haben.« Die Farbe Orange ist bei *Aura-Soma* ebenfalls ein Heilmittel gegen Schocks aller Art, Rot erdet und vitalisiert und Gelb heilt mentale Verwirrung, Vertrauensmangel und Unsicherheit. Es bewirkt Wärme, Freude und Entzücken.

Beziehungen und soziales Umfeld

In unseren privaten Beziehungen, insbesondere in Partnerschaften und unseren Kindern gegenüber, sind wir besonders anfällig für die Auslösung von Mustern. Das liegt zum großen Teil sicherlich daran, dass in nahen Beziehungen häufig Situationen auftreten, die denen unserer Kindheit ähneln. Auch hier geht es um Liebe, Nähe und Abhängigkeit – die klassischen Szenen, in denen in der Vergangenheit die Muster entstanden sind.

Gerda ist Lehrerin, Anfang 30, verheiratet, zwei Kinder und kommt zur Einzelstunde. Sie tut dies seit fast einem halben Jahr alle 14 Tage und realightet inzwischen auch allein zu Hause. Sie ist schon einige heftige Muster in Bezug auf ihre Familie losgeworden, und heute hat sie mir lachend von ihrer letzten Transformation erzählt. Inmitten eines heftigen Streits mit ihrem Mann habe sie plötzlich innegehalten und gesagt: »He, mir wird gerade klar, dass du mich bei einem Muster erwischt hast – wir müssen jetzt mal kurz mit Streiten aufhören, damit ich das erst auflösen kann!« Ihr Mann habe ganz verdutzt dagestanden und dann angefangen zu lachen – der Dampf war raus. Sie hatte sich selbst gehört, wie sie ihrem Mann vorwarf, dass nur gemacht wird, was er will.

Es ging darum, dass er statt des Marmeladenglases mit Schaum, wie sie ihm das vorher gesagt hatte, ein Glas ohne Schaum zum Sofortessen geöffnet hatte. Sie warf ihm vor: »Du machst nur, was du willst, es ist jedes Mal das Gleiche. Hauptsache, du hast es bequem« usw. Und das überschnitt sich plötzlich mit dem Originalton Vater, der das Gleiche immer der Mutter vorgeworfen hatte. Als Kind fand sie das schrecklich, und sie hätte sich bis dahin nicht träumen lassen, dass sie dasselbe macht. Sie hat es dann sofort transformiert und in einer Wüste mit Sonnenblumen und Astern »Ruhe und Stille« erfahren. Zurück in der Situation erlebte sie, wie sie sich zwar immer noch auseinander setzte, aber mit einem ganz anderen Grundgefühl von Liebe und ohne Vorwürfe zu machen. Die Beschuldigung war einfach weg.

Muster: »Jemanden beschuldigen«

Neues Grund- oder Seinsgefühl: »Ruhe und Stille« (in Ruhe und Frieden)

Samen/Blüten: Sonnenblumen, Astern

Aster als Blütenessenz gibt es zum Beispiel bei den *Petite-Fleur-Essenzen* aus Texas und wird dort so beschrieben: »Fördert das Bewusstsein, innen stark und doch sanft zu anderen zu sein. Loyalität durch Ermutigung statt Einschüchterung.« Die Sonnenblume ist eine beim Realighting® sehr häufig vorkommende Pflanze, was nicht verwundert, wenn man die Beschreibung liest. Es geht um eine gestörte Vaterbeziehung, in der der Vater als Vorbild für positive männliche Eigenschaften ausfällt. Dadurch kann kein gesundes Selbstbewusstsein entstehen, und die Entwicklung der Persönlichkeit und Tatkraft ist gestört. So wird man entweder kompensieren und sich übertrieben selbstbewusst, aggressiv und hart durchsetzen oder aber seine

Kraft unterdrücken und sich zurückhaltend, ängstlich und energielos zeigen. Die Blütenessenz bringt tiefen Kontakt mit der eigenen männlichen Seite und hilft, der Persönlichkeit strahlend und bestimmt Ausdruck zu verleihen, ohne andere zu überrennen oder sich in falscher Bescheidenheit zurückzuhalten.

Mit einem weniger verständnisvollen Partner wäre es in solch einer Situation möglicherweise angemessener gewesen, die »Realighting®-Soforthilfe« (siehe Seite 89 f.) anzuwenden und das zeitaufwendigere ausführliche Realighting® erst anschließend durchzuführen.

Dieselbe Frau hat neulich auch Disteln bei der Umwandlung eines Musters erhalten. Diesmal war das Muster »Hass« (auf ihren geliebten Vater in einer Situation, in der er zu viel getrunken hatte – was sie nicht aushielt) und das durch die Distel wiedergewonnene Seinsgefühl war »Schutz«. Danach war die gleiche Situation für sie durchaus erträglich, wenn es auch weh tat, ihren Vater in diesem Zustand zu sehen. Die obige Beschreibung zur Distel (für Ehre, Würde und Selbstachtung, siehe Seite 100) macht hier also durchaus auch Sinn.

Regina ist 38 Jahre alt, verheiratet und hat sich in einem technischen Beruf selbständig gemacht. Sie arbeitet schon lange an sich, weil sie ihr heilerisches Potential spürt und darunter leidet, dass sie es nicht zum Ausdruck bringen kann. Sie weiß sehr viel über psychische und karmische Zusammenhänge, stolpert in ihrem Alltag aber immer wieder über hemmende und einschränkende Muster, die nur durch »Wissen« und Bewusstheit eben einfach nicht auflösbar sind. Für Menschen, die schon sehr bewusst sind und die auch einen Anspruch bezüglich ihrer spirituellen Weiterentwicklung haben, ist die Tatsache, dass Muster trotz besseren Wissens immer wieder reflexhaft auszulösen sind, sehr schwer zu verkraften. Auch die Tatsache, dass sie trotz aller Arbeit an sich selbst immer noch von so vielen Mustern bestimmt werden, ist oft schwer annehmbar. Hier ihr Bericht:

»Auf der Insel Gozo nahm ich an einer Feriengruppe mit Ingrid teil. Vorweg: Es war ein wunderschöner und in sich stimmiger Urlaub. Inhalt des Kurses war unter anderem die Aufarbeitung von Mustern. Auf Gozo zeigte sich bei mir ein sehr markantes Muster, das viel Leid und Fremdbestimmung in meinem Leben hervorgerufen hatte.

Wir saßen an einem Abend in sehr fröhlicher Runde zusammen. Holger, ein Gruppenteilnehmer, brauchte eine Zitrone für sein Getränk, war jedoch zu bequem, um aufzustehen. Ich saß am anderen Ende des Tisches und war in ein Gespräch vertieft. Ich hörte ihn plötzlich mit dem Satz ›Wer bringt mir eine Zitrone?‹. Reflexartig schnellte ich hoch, lief zur Kommode, auf der die Obstschale stand, nahm eine Zitrone und brachte sie Holger. Ingrid lachte laut auf und sagte: ›Das ist ja klar, dass Regina hochspringen muss, um eine Zitrone zu holen. Du lebst voll ein Muster, weißt du das?‹ Ich war zutiefst getroffen und fing an, mich zu verteidigen, ich sei nur zuvorkommend und hilfsbereit und, und, und ... Ich wäre am liebsten auf der Stelle abgereist, da meine Hilfsbereitschaft so missverstanden wurde. Doch gleichzeitig fühlte ich mich auch erkannt, was mir sehr weh tat.

Tagelang wurmte mich diese Szene, ließ mir keine Ruhe, bis ich mich entschloss, dieses Muster zu verwandeln. Es kostete mich sehr viel Kraft und Mut, mir, Ingrid und der Gruppe einzugestehen, dass diese so genannte Hilfsbereitschaft ein

Muster war. Ich benannte es als ›Springen müssen‹. Dieses Muster zerschlug ich in der Vorstellung mit Leibeskräften. Wut, Ärger und Trauer stiegen auf, weil ich spürte, wie unfrei es mich in meinem Leben, in meiner Handlungsfähigkeit gemacht hatte. Durch die Imagination, die ich als sehr heilend empfand, entstand als ›Samen‹ ein Tintenfisch, der über meine Hände hing, den ich auf den Rücken nahm, dessen Saugnäpfe ich spüren konnte. Ich kam in eine Landschaft mit weißem Sandstrand in der Südsee. Ich gab den Octopus an das Meer zurück und schwamm mit ihm im türkisblauen Ozean zwischen schillernden bunten Fischen und lag auf dem Rücken eines Wales. Ein Gefühl von Freiheit, Leichtigkeit und Schwerelosigkeit entstand. In der Vorstellung wieder in der Ausgangssituation, erlebte ich die Freiheit zu wählen: Ich konnte es tun oder nicht!

Am nächsten Tag entstand erneut eine Situation, in der ich normalerweise voller Hilfsbereitschaft hochgesprungen wäre – ohne Rücksicht auf die Situation, in der ich gerade involviert war. Ich selbst nahm es nicht einmal wahr, nur den anderen fiel auf, dass keine Reaktion erfolgte. Ich finde es faszinierend, wie einfach und praktisch jahrzehntelang angesammelte Muster, die so viel Energie binden, sich buchstäblich in Luft auflösen. Wie Freiheit entsteht und Kraft für die Verwirklichung des eigenen Seelenplanes.«

Muster: »Springen müssen«
Neues Grund- oder Seinsgefühl: »Unbeschwert und Frei« (in Ruhe und Frieden)
Samen/Blüten: Tintenfisch/Wal, Türkisblau

Beim Nachschlagen der Informationen zum Wal (*Pazifische Meeresessenzen und Karten der Kraft*) und zur Farbe Türkisblau (*Aura-Soma*) findet sich eine interessante Gemeinsamkeit. Sowohl beim Wal als auch bei der Farbe geht es um neue Arten von kreativer »Kommunikation« und Zugang zu altem Wissen. Freiheit und Intelligenz, mit Gefühl gepaart, und Erweiterung des Bewusstseins sind Themen. In dem gemusterten Zwang, aufzuspringen, wenn jemand anderes etwas braucht, hatte sich Regina um die Freiheit gebracht, mit ihren eigenen Gefühlen und ihrer inneren Weisheit in Kontakt zu sein und das für sie Stimmige zu tun.

Hier noch ein zweites »Muster«-Beispiel von Regina:
»Seit meiner Kindheit fällt es mir unglaublich schwer, am Abend freiwillig ins Bett zu gehen. Alle möglichen Tricks fielen mir ein, um dem auszukommen: ›Sich totstellen, einen Kasperl machen, Geschichten erzählen, die Uhr zurückstellen, unter dem Tisch verstecken, Bauchschmerzen oder Schlaf vortäuschen‹ ... Ich bin seit Jahren verheiratet, und mein Verhalten diesbezüglich ähnelte dem meiner Kinderzeit, sobald sich die Uhr dem ›Bettgeh-Zeitpunkt‹ näherte. Es war für mich unbegreiflich, dass ich dieses Verhalten nicht abstellen oder verändern konnte. Mein Körper verkrampfte sich, und in mir schrie es: ›Ich will nicht ins Bett!‹ Zum anderen konnte ich es aber auch nicht aushalten, wenn mein Mann vor mir ins Bett ging – ich brauchte ihn als Akteur. Es war jeden Abend der gleiche Zirkus.

Im Gruppen-Realighting® sprach ich dieses Muster an, was verständlicherweise viel Lachen erzeugte. Ich selbst finde es inzwischen auch sehr amüsant. Ich benannte das Muster ›ins Bett gehen müssen‹. Der körperliche Ausdruck zeigte sich im Nacken. Übernommen hatte ich es von meinem älteren Bruder, der immer ein großes Vorbild und die Bezugsperson Nr. 1 für mich war. In der Rückführung in seine Kindheit sah ich ihn zur Bettgehzeit unter dem Tisch sitzen. Mein Vater zog ihn schimpfend und mit Gewalt unter dem Tisch hervor. Bei der Rückführung in meine Kindheit sah ich uns beide, meinen Bruder und mich, unter dem Tisch sitzen. Wir wurden beide beschimpft, angeschrien und mit Schlägen unter dem Tisch hervorgeholt. Die Situation veränderte sich, als der Schutzengel meines Vaters ihn mit Liebe und Mitgefühl für seine Kinder auffüllte und einhüllte. Mein Vater suchte uns unter dem Tisch, er begann herzhaft zu lachen, als er uns dort sah, er holte uns scherzend und liebevoll hervor, und wir wurden spielerisch und mit viel Spaß ins Bett gebracht.

Das Muster ›ins Bett gehen müssen‹ habe ich in einem riesengroßen Mörser voll Inbrunst zerstampft und zerrieben, bis es in seine Atome zerlegt war. In der Imagination entstand als ›Samen‹ ein Goldklumpen. Ich kam in eine südländische mit Mohn und Lavendel bewachsene Landschaft mit Salz- und Lavendelgeruch in der Luft. Vor mir war ein rundes Areal mit weichem, gelbem Sand, in dem sich spiralförmig in die Erde ein 2 cm dicker Gang hinabschlängelte. Ich warf den Goldklumpen hinein, und es entstand eine Wasserfontäne, auf die ich mich legte. Das Empfinden dabei war: ›sich getragen fühlen‹. Zurück in der auslösenden Situation erlebte ich, dass ich allein die Entscheidung habe, wann ich ins Bett gehe. Seitdem hat sich meine Abendzeit schlagartig verändert und – was ich sehr lustig finde – seitdem ich mit Leichtigkeit ins Bett gehe, wenn ich müde bin, lebt nun mein Mann das von mir aufgelöste Muster. Ich habe durch die Transformation wieder ein Stück Freiheit dazugewonnen, worüber ich sehr froh und dankbar bin.«

Muster: »Ins Bett gehen müssen«
Neues Grund- oder Seinsgefühl: »Sich getragen fühlen« (in Ruhe und Frieden)
Samen/Blüten: Gold/Mohn/Lavendel/Wasserfontäne

Gold, Aurum, ist ein bekanntes homöopathisches Mittel und auch das Ziel der Alchimisten gewesen. Hier steht es wohl für das »wahre, sonnenhafte Selbst«, und tatsächlich kräftigt Gold das Selbstbewusstsein seines Trägers. Lavendel (»Lavender« bei den *Kalifornischen Blütenessenzen*) bringt Gelöstheit und innere Ruhe und hilft, das Bedürfnis nach Entspannung zuzulassen. Mohn (Klatschmohn, siehe Anhang) bringt Herzenswärme, Wertschätzung der Liebe, Kräftigung der weiblichen Seite und verbessert die Kommunikation zwischen Körper und Seele. Die eigentliche Auflösung brachte dann die Wasserfontäne, und da kommt »Rock Water« von den *Bach-Blüten* in Frage. »Rock Water« hilft bei einer gewissen Starre und Strenge gegenüber sich selbst, bei mangelnder Lebensfreude und Rigidität. Die Einnahme ermöglicht das Erkennen der eigenen Bedürfnisse, so dass Spontaneität und situationsgerechtes Handeln möglich wird.

Interessant ist bei diesem Beispiel auch die Verlagerung des Musters auf den Partner. Liebesbeziehungen entstehen zunächst aus der Anziehungskraft der Muster – bei den meisten Partnern passen sie zusammen wie Haken und Öse. Oft polarisieren sich die Muster, indem der eine Partner einen Teil ganz übernimmt (Projektion!), indem er zum Beispiel nicht treu sein kann, während der andere Partner die Treue in Person ist. Wenn jetzt nur ein Partner sein Muster auflöst, kann es leicht geschehen, dass der andere es plötzlich scheinbar übernimmt, dadurch dass er es jetzt selber leben muss. Deshalb täte es jeder Partnerschaft gut, wenn sich beide mit dem Realighting® auskennen und ihre Muster bearbeiten würden.

Das letzte Beispiel kommt von Simone, einer 49-jährigen Erzieherin, verheiratet, drei Kinder. Sie schreibt:

»Ich habe schon viele Muster an mir erkannt und mit nachhaltigem Erfolg umgewandelt. Wieder einmal komme ich zu einem Übungsabend. Ich bin ganz aufgelöst und fange an zu weinen, als ich vom vergangenen Sonntag erzähle: Meine Familie und ich feierten die Konfirmation meines Sohnes und verbrachten einen sehr schönen Tag bei herrlichem Wetter. Am Abend, zu Hause, war ich gerade mit meinen Neffen im Musikzimmer und es wurde Klavier gespielt. Da kam meine ältere Tochter ins Zimmer und erzählte mir ganz aufgeregt, dass einer ihrer Freunde einen schweren Motorradunfall mit seinem Beifahrer hatte. Beide lägen schwer verletzt im Krankenhaus, und beim Sozius wüsste man nicht, ob er überleben würde. Ich war sehr betroffen über die Nachricht. Mein Neffe, der Arzt ist, meinte, so was käme bei ihnen in der Klinik täglich vor, es sei sogar schon mal jemand mit einem Ast im Rücken eingeliefert worden.

Am nächsten Tag bei meiner Hausarbeit musste ich dauernd an die Mutter des Beifahrers denken, wie sie jetzt zu Hause auf eine Nachricht vom Krankenhaus wartet, ob ihr Sohn gerettet werden kann oder nicht. Bei mir flossen die Tränen. Ich empfand die Situation dieser Mutter, die ich vom Sehen kannte, als schrecklich und nicht zu ertragen. Zugleich wurde ich sehr unruhig. Es wurde mir bewusst, dass jeden Tag, jeden Augenblick etwas Schlimmes passieren kann auf dieser Welt und in unserem eigenen Leben, und dass wir dagegen machtlos sind.

Das Muster, das meine Verzweiflung ausgelöst hatte, während ich an diese Frau dachte, nannten wir: ›Sich etwas herholen‹. Ich hatte es von meiner Mutter übernommen und spürte es in meiner Brust. Ich habe die Buchstaben zermahlen und im Licht entstand Maisgrieß daraus. Damit landete ich in einer Landschaft mit goldgelben Sandhügeln. Ich streute den Maisgrieß aus, der sich dabei in gelbglänzende Glaskugeln verwandelte. Daraus wuchsen kleine gelbe Buschblumen. Ich genoss die schöne Umgebung und meine Blumen, und es wuchs in mir das neue Grundgefühl: ›Ich bin Ich‹. Zurück in der Situation in meiner Küche, als ich mich in die Situation der Mutter des Verunglückten hineingesteigert hatte, spürte ich jetzt: Es ist nicht MEINS, ich kann bei mir bleiben.

Ich bin dankbar, dass ich dieses Muster, welches mich so stark in Mitleidenschaft gezogen hatte, auflösen konnte. Meine Kraft will ich für mich und meine Angehörigen nutzen. Wenn ich so viel und so oft über das Unglück anderer weine, helfe ich damit niemandem und bin selbst nicht mehr lebendig.«

Muster: »Sich etwas herholen«
Neues Grund- oder Seinsgefühl: »Ich bin Ich« (i.R.u.Fr.)
Samen/Blüten: Mais/gelbe Buschblumen

Mais (Corn) gibt es u.a. bei den *Kalifornischen Blütenessenzen*. Die Essenz hilft, ruhig und erdverbunden zu bleiben, mit beiden Beinen fest auf der Erde zu stehen, wenn man unter einer zu hohen Sensibilität und Empfänglichkeit für die Schwingungen der Umgebung leidet. Bei den »gelben Buschblüten« denke ich an »Chaparral«, (ebenfalls *Kalifornische Blütenessenzen*), das bei »Verunreinigung der Psyche« gegeben wird und eine ausgeglichene seelisch-geistige Bewusstheit fördert, ein tiefes Durchdringen und Verstehen der überpersönlichen Aspekte des eigenen Wesens (»Ich bin Ich!«). Die gelbe Farbe (Maisgrieß, Sandhügel, Glaskugeln, Blüten) spielt bei dieser Umwandlung eine große Rolle. Die Wirkungsweise des gelben Pomanders von *Aura-Soma* wird wie folgt beschrieben: »Balanciert den Solarplexus aus. Stimuliert eingeborenes Wissen. Hilft dabei, über den Atem und das Atmen an mehr Energie zu gelangen. Bringt ... Freude, die über die Sinnesorgane erweckt wird. Empfehlenswert bei nervösen Depressionen, auch bei Winterdepressionen. Lässt irrationale Ängste und Nervosität überwinden ...«[40]

Spirituelle Erlebnisse

Anna, eine Frau in den besten Jahren, ist beruflich sehr erfolgreich. Aber ihre Familie und ihre Gesundheit machen ihr Sorgen. Seit zwei Jahren hat sie ein dauerndes, manchmal »überwältigend« lautes Ohrgeräusch (Tinnitus), welches sie als feindlich und zerstörerisch erlebt und wogegen sie ankämpft. Der Mann ist arbeitslos, depressiv, die Ehe schwierig, und die beiden erwachsen werdenden Töchter haben Ess-Störungen. Anna ist durch das 17 Jahre dauernde Krebsleiden ihrer Mutter und ein emotional unstabiles Elternhaus traumatisiert und leidet seit ihrer Kindheit ständig unter diffusen Ängsten. Der berufliche Erfolg bedeutet ihr wenig, viel mehr fühlt sie sich von der privaten Verantwortung überfordert. Sie hat ständig Angst vor einem bevorstehenden Unheil. Diese Vorbemerkungen sollen dem besseren Verständnis der von ihr geschilderten Situation dienen.

»Die Ausgangs-Situation: Nach dem Autounfall. Ich bin angeschnallt und eingeklemmt, die Sanitäter ziehen mich rückwärts durch die Heckklappe. Ich denke, ich sollte protestieren und alles tun, damit ich nicht ins Krankenhaus komme. Aber gleichzeitig denke ich, wenn ich es geschehen lasse, brauche ich mich um nichts mehr zu kümmern.«
Das Muster heißt ›Ich muss *immer alles* richten‹, es sitzt in Schultern und Rücken, es ist von der Mutter übernommen. Die Buchstaben sind große felsige Steinbrocken. Ich zerschlage sie mit einem Vorschlaghammer, zerstampfe sie zu Sand. In einem Tuch nehme ich den Sand mit ins Licht. Bei der Verwandlung entstehen zuerst Perlen, dann habe ich eine Glasschale mit Fischlein und ein paar Perlen und Muscheln in den Händen. Durch das zweite Tor lande ich am ›Mittagsmeer‹ im heißen, weißen Sand. Vor mir glänzendes blaues Meer, hinter mir erstrecken sich Palmen am Strand entlang. Links hat mein Schutzengel eine Kuhle gemacht, Meerwasser fließt hinein, und ich schütte die Fischlein, Muscheln und Perlen dazu. Ich lege mich auf den Bauch und schaue den Fischlein zu. Plötzlich heben sich so etwas wie schwarze Augen aus dem Boden der Kuhle. Ich bekomme sofort große Angst, will es nicht haben. Ich schaue auf meinen Schutzengel. Die Augen sinken in den Sand zurück. Eine rote Rose wächst. Ich trage sie zu den Palmen, pflanze sie ein, damit sie bei Flut nicht ertrinkt. Vergesse alles. Es ist nicht wichtig, wir (der Schutzengel und ich) sitzen auf einer schräggeneigten Palme, die warmen Meereswinde umwehen uns, das Meer glitzert. ›Alles ist richtig und schön.‹ Erneut die Realsituation durchgespielt: Ich mache mir nur um mich Sorgen (nicht darum, dass die Familie mich braucht), will alles tun, damit ich gesund werde.

Aber: Ich habe kein gutes Gefühl nach der Transformation, weiß genau, dass ich geschwindelt und in den Vorgang eingegriffen habe. Immer wieder wollen die schwarzen Augen auftauchen. Ich drücke sie weg. Rufe meinen Schutzengel zu Hilfe. Ich muss immer daran denken, wie Ingrid sagt, man soll alles zulassen. Mit großer Angst gehe ich schließlich in das Bild zurück, lasse die Augen kommen. Ein kleiner schwarzer Comic-Krake steigt auf und wedelt fröhlich im Sand herum. Ich will schon ganz erleichtert zurückgehen. Da hebt sich die ganze Erde. Etwas Riesiges will da herauf. Ich habe große Angst. Ich bin überzeugt, dass ich meinen Schutzengel verlieren werde. Ich lasse es trotzdem voller Angst geschehen. Ich sehe: Ein Riesenungeheuer ist aus dem Meer emporgestiegen. Tentakel wedeln. Die Wellen brechen sich tosend und sturmhoch. Blitze zucken durch den grauen Himmel. Ein heftiger Wind fetzt die Gischt ans Land. Wie ein weißer Lichtstrahl steht mein Schutzengel winzig klein rechts vor dem Monster. Ich umklammere seine Knie, verberge mein Gesicht in seinem Gewand. Er hat seine Hände auf meine Schultern gelegt, steht völlig unberührt inmitten des Tobens. Ich kann es als Zuschauer kaum fassen, dass er einfach mitten im Sturm in der Gefahr so ruhig leuchtend dasteht. Ich bin total beeindruckt.

Immer wieder während des ganzen Tages und auch die Tage danach schaue ich dieses Bild an. Ich finde es einfach toll. Sage immer wieder: ›Lass mich nicht im Stich!‹ Lass das Szenario immer schrecklicher werden, hab doch noch Angst, dass der Schutzengel irgendwann unterliegt. Stell mir sogar einmal bewusst vor, dass er wegläuft. Aber das ist nicht stimmig, es passt und funktioniert nicht. Ich gehe zurück zum echten Bild, kann mich gar nicht satt sehen. Irgendwann hebt mein Schutzengel die Hand und das Meer-Monster versinkt verlegen, der Sturm ist plötzlich weg, das Meer ruhig, als ob nie etwas gewesen sei.

Die Rose ist noch da, nichts fehlt ihr. Mein Schutzengel hebt sie auf, trägt sie mit mir an der Hand zum Schatten der Palmen und pflanzt sie ein. Wir setzen uns auf einen Palmenstamm und schauen aufs Meer hinaus. In der Vision ist der Sturm wie ein Traum für mich, etwas, an das ich mich kaum erinnere. In der Wirklichkeit bin ich einfach total beeindruckt von der Macht meines Schutzengels. Ich schaue die nächsten Tage immer wieder hin, wie er wie eine weiße Flamme inmitten des Tobens unberührt steht, die Hände auf den Schultern des Kindes, das ich in diesem Moment war. Irgendwann berührt es mich sehr, dass er das Monster nicht getötet hat, sondern einfach zurückschickte. Da wird mir klar, dass er niemals töten muss. Er ist absolut mächtig, und er ist absolut gütig.«

Muster: »Ich muss immer alles richten« (»Immer alles richten müssen«)

Neues Grund- oder Seinsgefühl: »Alles ist richtig und schön« (in Ruhe und Frieden)

Samen/Blüten: Rote Rose/Schutzengel

Für Anna ist die Tatsache, dass sie einen Schutzengel hat, jetzt sehr präsent. Sie sieht, dass er auch bei dem Unfall die Hände im Spiel hatte – sie hätte tot sein können und hat lediglich ein Schleuder-Trauma davongetragen. Der Schutzengel gibt ihr neues Vertrauen und neue Sicherheit, so dass sie sich jetzt nicht mehr für alles in ihrer Familie zuständig fühlen muss, sondern auch mal Verantwortung delegieren kann. Sie weiß, dass auch die anderen Familienmitglieder bei ihren Schutzengeln sicher aufgehoben sind.

Die rote Rose gibt es als Essenz bei den *Petite-Fleur-Essenzen* und da steht: »Bei Trübsinn und gelegentlichen Depressionen. Ersetzt negatives Denken durch Begeisterung und Freude.« Und die *Harebell-Arzneien* schreiben der Essenz der roten Rose zu, dass sie »Kühnheit, Leidenschaft und Wahrhaftigkeit gegenüber den eigenen Wünschen fördert. Sie vertreibt Schamgefühle und harmonisiert das Wurzelchakra« (= physisches Überleben). Das passt gut zu der Unfallsituation und der »gemusterten« Unfähigkeit, in diesem Moment an das eigene Wohl und die eigene Gesundheit zu denken.

Anna hat seither fleißig realightet, und immer ist die Anwesenheit ihres Schutzengels dabei ganz wesentlich. *Hier noch ein Beispiel:*

»Die Ausgangssituation: Mein Mann und ich sind per Auto auf dem Weg in die Schule, wo die Zeugnis-Verleihung unserer älteren Tochter stattfindet. Ich habe die Kamera nicht gefunden. Zwischen uns ist schon wieder total gereizte Stimmung. Er sagt: ›Da darf man sie halt den Kindern nicht leihen.‹ Ich hasse das, wenn er Vorwürfe oder Anordnungen in den Raum stellt, mit denen er genau mich meint, aber mich nicht direkt anspricht.

Ich fühle mich ›runtergemacht‹, weiß, dass ich es von Vater und Mutter übernommen habe und spüre es im Magen.

Ich nehme die Buchstaben als rotglühende Kugeln (wie Eierbriketts) aus meinem Magen. Mit dem Blasebalg fache ich sie so richtig an, zerschlage sie mit einem Schüreisen, fache sie erneut an, bis saubere Asche und kleine harte Brösel übrig bleiben. Ich fülle alles in eine schöne Glasamphore. Ich gehe ins Licht. Es ist schön. Sehr schnell werden klares Wasser und Goldfische aus der Asche und den Bröseln.

Durchs zweite Tor. Ein Erdweg, Gras, efeubewachsene Mauern, ein gemauertes Bassin. Mein Schutzengel ist da. Ich lasse die Fische in das Bassin gleiten. Da sollen sie aber nicht gefangen bleiben. Rechts ist ein Teich mit Seerosen. ›Hilfst du mir, einen Kanal zu bauen?‹, frage ich meinen Schutzengel. Wir graben einen Verbindungsweg zwischen Bassin und Teich. Die Goldfische schwimmen in den Teich, sehr schöne blaue Fischlein schwimmen ins Bassin. ›Schenkst du mir eine Seerose?‹, frage ich meinen Schutzengel. Lächelnd windet er einen Kranz aus dem langen Stiel, legt mir den Seerosenkranz aufs Haar. Wir hocken und beobachten die Fischlein. Ich fühle mich sehr zufrieden mit mir selbst. Ich habe das Gefühl, es wirklich gut gemacht zu haben.

Zurück in der Ausgangssituation empfinde ich die Reaktion meines Mannes gänzlich anders. Ich erwidere ihm: ›Die Kamera taucht schon wieder auf, mach dir keine Sorgen!‹ Nach der Transformation bin ich total überrascht, dass ich seine Worte nicht mehr als Vorwurf empfinde, sondern als Sorge, die er nicht artikulieren kann. Diese Interpretation wäre mir ohne die Umwandlung nicht im Traum eingefallen. Ich bin sehr beeindruckt.«

Muster: »Sich runtergemacht fühlen«

Neues Grund- oder Seinsgefühl: »Zufriedenheit« (in Ruhe und Frieden)

Samen/Blüten: klares Wasser, Goldfische und blaue Fische, Seerosen

Klares Wasser legt wieder den Rückschluss auf Rock Water (*Bach-Blüten*) nahe (siehe das zweite Beispiel von Regina, Seite 114.), Gold und Blau (Fische) zeigt die *Aura-Soma* Balance-Öl-Flasche Nr. 32. Zu den Persönlichkeitsaspekten, an denen gearbeitet werden sollte, steht da unter anderem: »Weiß nicht, wer er ist. Befindet sich nicht im Frieden mit sich selbst. Fühlt sich immer gestresst. Findet es schwierig, im Hier und Jetzt zu sein. Ist von allen Arten von Ängsten besetzt, besonders von Erwartungsängsten und von allgemeiner Lebensangst.« Es bringt zum Beispiel »eine klare geistige Ausrichtung«. Reduziert »Stress im Kopf«. Bringt dazu, zu handeln, statt zu reagieren, bringt allgemein »Klarheit in Herzensangelegenheiten«. Und: man gibt es bei »Problemen mit dem Magen«![41] Seerosen wurden schon einmal bei der Pharmareferentin erwähnt (siehe Seite 106). Hier würde ich noch »Lotus« von den *Kalifornischen Blütenessenzen* hinzuziehen. »Die Essenz fördert die Selbsterkenntnis: also die Erkenntnis, dass Mitmenschen und Ereignisse wie ein Spiegel sein können, der uns im Äußeren unser Innenleben zeigt ... Lotus stimmt uns milde und nachsichtig mit uns selbst. Es entsteht eine klare Wahrnehmung für die eigenen Automatismen und Fallen, die mit einer heiteren und liebevollen Gelassenheit gekoppelt ist. Man kann sich selbst in Frage stellen und mit der gleichen Milde anderen begegnen.«[42]

Gritta ist Mitte 50, geschieden und hat zwei erwachsene Kinder, die sich vor einiger Zeit abgenabelt haben. Vor vielen Jahren war sie in einer sehr verzweifelten Situation und hat damals zwei Selbstmordversuche gemacht. Sie beschreibt die Situation, die kürzlich ein ähnliches Muster wieder ausgelöst hat:

»Es ging mir in dem Moment schon schlecht – ›Panik‹, Ausweglosigkeit in meinem sinnentleerten Leben. Da wurde ich von meiner Freundin Maria eingeladen, mit ihr über den Viktualienmarkt zu bummeln, nachdem wir in einem Restaurant gegessen hatten. Ich nahm Marias Freude und Selbstsicherheit wahr und die Vitalität, Expression und Lebenslust der Marktfrauen sowie der Gäste in den Biergärten. Ich selbst wurde immer erschöpfter. Ich hatte das Gefühl: ›Alle haben ein *Ich*, eine persönliche Identität, nur ich nicht.‹ Ich fühlte mich in dem Moment zum Wegschmeißen, ein Windei. Ich benannte das Muster ›Selbstmordgedanken haben‹ und spürte es in meiner Kehle und im oberen Hinterkopf. Es ist vom Vater übernommen (der tatsächlich bei einem ungeklärten ›Unfall‹ ums Leben kam).

Ich begann mit dem Realighting® allein zu Hause: Das Tor, durch das ich nach dem Zerstören der Buchstaben ging, lag oben auf einem Berg. Es stand schon halb offen und Licht strömte heraus. Ich blieb sehr lange im Licht. Es war gleichzeitig wie Wasser, das gegen mich anspülte und mich auch von oben kommend wusch – und auch wie Licht/Reinheit, die von innen/unten in mich strömten. Es war wie eine Reinigung von innen, unten und oben. Der Körper war schließlich schon lange okay, aber im Kopf war es wie schwarzes Pech. Die Gefäße waren damit verklebt. Schließlich war das Pech nur noch an den Ohren, dann am Hals und der Vorderfront und lief dann nach unten ab, während der Kopf schon frei war. In meinen Händen wurde aus der feuchten, durchgemahlenen Masse etwas immer größer Werdendes, wie aufschäumend. Ich wusste nicht, wie ich das alles halten sollte, und bat darum, in die Natur zu kommen, um es loszuwerden.

Da war ein See mit Buchenwald dahinter, vor mir links ein hoher Hang mit Kakteengewächsen. Ich konnte es nicht alles im Blick haben, weil eine Samen›säule‹, ›Stele‹, die jetzt in meinen Händen war, mir den Blick verstellte. (Nach dem Realighting® wunderte ich mich, wie ich auf das Wort ›Stele‹ kam, und las deshalb im Lexikon nach: ›Grabsäule mit Inschrift oder Totenbildnis‹; oder auch: ›Zentralzylinder der Pflanze‹ ...!) Schließlich sah ich einen Acker links am Fuße des Berges und lud die Samenstele dort ab. Aber irgendwie blieb ich mit der linken Seite, vor allem am Hals, mit ihr verbunden (viele Wochen lang hatte ich bereits das Empfinden, an der linken Halsseite eine offene Stelle zu haben, und trug deshalb immer Seidenschals zum Schutz). Es ging jetzt irgendwie nicht weiter, mir wurde ein bisschen unheimlich und ich brach ab.

Am Abend tauchte ich nochmals in die Imagination ein. Wieder kam ich in die Natur. Am Berghang blühten die Kakteen jetzt in einem leuchtenden Rot und das Feld war jetzt vor mir am See. Ich setzte die Stele dort ab. Sie wuchs weiter und nahm mich in sich hinein. Ich geriet irgendwie unter/in die Erde. Die Stele schien mit dem Erdinneren verbunden zu sein. Von vorn kam Helligkeit, Licht. Gleichzeitig war es, als würde ich nach hinten gewiesen, wo ich ein hölzernes, dunkles Holzkreuz wusste. Ich dachte: ›Jetzt soll ich wie Christus am Kreuz hängen‹, und erschrak – aber nicht sehr. Ich akzeptierte. Da wurde plötzlich die Helligkeit vor mir zu einem weißen Lichtkreuz, das auf mich zukam, sich an meine Vorderfront anlegte ... und dann war ich ganz darin. Ich fühlte mich ›im weißen Lichtkreuz aufgehoben in Ruhe und Frieden‹. Dann entwich etwas strömend wie ein Wind aus meinem Kopf nach oben. Immerzu ... unaufhörlich. Ich wollte zurück in die auslösende Situation gehen, aber ich fand sie nicht. Wieder brach ich ab.

Das Erleben war für mich geistig so intim, dass ich es Ingrid wochenlang nicht erzählte, sondern in mir trug. Sechs Wochen später konnte ich darüber sprechen, und wir haben es während einer Sitzung zu Ende gebracht: Ich verschmolz noch einmal mit dem Lichtkreuz und versetzte mich dann zurück auf den Markt. Ich erlebte mich dort noch immer in dem weißen Lichtkreuz, fühlte mich darin geborgen und gereinigt. Es fühlte sich an, als sei ich jetzt größer als die anderen, irgendwie herausgehoben aus der Menge, eher leicht und schwebend und sicher darin aufgehoben.«

Seither hat Gritta keine Selbstmordgedanken mehr gehabt. Einmal, in einer schweren Situation, ist es ihr geradezu aufgefallen, dass dieser Impuls, gegen den sie zuvor eigentlich ihr Leben lang immer wieder ankämpfen musste, einfach nicht auftauchte.

Muster: »Selbstmordgedanken haben«
Neues Grund- oder Seinsgefühl: (im weißen Lichtkreuz) »aufgehoben« sein (in Ruhe und Frieden)
Samen/Blüten: Samen»stele«/Buchen/rot (Kakteenblüten)/weißes Lichtkreuz

Buchen (Hornbeam bei den *Bach-Blüten*) gibt man bei seelischer und körperlicher Erschöpfung. Es hilft, einen klaren, kühlen Kopf zu bekommen und sich dem Tag zu stellen. Der rubinrote Pomander von *Aura-Soma* erdet, energetisiert und verleiht wirkungsvollen Schutz. Er ist hilfreich bei Erschöpfungen aller Art und nimmt Ängste bei Schwierigkeiten mit Überlebensfragen. Der weiße Pomander schützt das gesamte elektromagnetische Feld und die weiße Quintessenz »Serapis Bey« schützt und reinigt auf allen Ebenen. Das Kreuz selbst ist eines der am weitesten verbreiteten und ältesten Symbole der Welt. Es ist ein Symbol für die Durchdringung entgegengesetzter Bereiche, also zum Beispiel von Himmel und Erde, Raum und Zeit. In der Alchimie steht die Kreuzigung für den Vorgang der Fixatio – also für die Verfestigung des Flüchtigen, ohne die das »Werk« bzw. die Inkarnation der Seele in den Körper nicht gelingen kann.

Was bei Grittas »Werk« auffällt, ist, wie lang sie braucht, um das Ganze zum Ende zu bringen. Die Alchimisten unterscheiden einen »langen, nassen« und einen »kurzen, trockenen Weg« der Transmutation. Der schnelle Weg erfordert viel Energie und wurde deshalb auch für gefährlicher gehalten. Die langsame, »nasse« Version konnte mit viel weniger Energie erreicht werden. Gritta hat öfters zu Beginn eine »feuchte Masse« als Prima Materia, und sie fühlt sich meistens am Ende ihrer Kraft. Es steht ihr also tatsächlich nur wenig Energie für den Prozess zur Verfügung, und es braucht meist lange. Auch danach erfährt sie es so, als ob das Ergebnis Zeit braucht, um sich in ihr zu verfestigen.

Die langsame Version kommt hin und wieder vor, wenn auch die meisten Menschen nur die schnellere, energiereiche Variante erleben, bei der das Ergebnis sofort vorhanden und der Erfolg auf Anhieb spürbar ist.

11 Zusammenfassung: Wirkungen und Grenzen des Realighting® und weitere Anregungen

> Eure Umwelt ist das physische Abbild eurer Gedanken, Gefühle und sichtbar gemachten Überzeugungen ...
> Ihr lebt eure physische Existenz, um zu lernen und zu begreifen, daß eure Energie, die in Gefühle und Gedanken umgesetzt wird, alle Erfahrungen hervorbringt, und zwar ohne Ausnahme.
>
> *Seth*[43]

Ändere dein Denken, und du veränderst die Welt!

Wie aus allem, was Sie bisher gelesen haben, schon klar geworden sein dürfte, verändert die Alchimie der Seele nicht nur Ihre persönliche Realität. Wenn die alten »Spiele« bei Ihnen nicht mehr greifen, kann auch Ihr Gegenüber sie nicht länger beibehalten. Indem Sie an Ihre Mitte, Ihr wahres Selbst, angeschlossen sind, erleben Sie Situationen, die Sie zuvor betroffen gemacht haben und reflexartig Emotionen in Ihnen auslösten, auf einmal distanzierter, Sie nehmen es nicht mehr persönlich. Dadurch können Sie die jeweilige Realität Ihres Gegenübers klarer wahrnehmen und besser, das heißt zum Wohl aller Beteiligten, darauf eingehen. Sie haben die Freiheit, angemessen zu reagieren. Das wiederum fördert Ihre Selbstliebe und Ihr Selbstwertgefühl, und Sie werden damit auch für andere ein wertvollerer Mensch. Indem Sie selbst liebevoll und achtsam mit sich umgehen, können Sie dies auch mit anderen. Sie geben ein neues Beispiel für Ihre Kinder, die damit ebenfalls frei werden von der ewigen Wiederholung familiärer Muster.

Ganz wichtig bei diesem Prozess der »Muster«-Auflösung ist die Heilung des Kindes, welches die jeweilige Bezugsperson, von der Sie das Muster übernommen haben, einmal war. Indem Sie sich in dieses Kind einfühlen und zutiefst begreifen, warum die spätere Mutter oder der zukünftige Vater gar nicht anders konnte, als so zu werden, wie er oder sie dann Ihnen gegenüber war, können Sie nicht länger die Schuld auf die Eltern abschieben oder mit ihnen hadern. Sie erlösen auch die vorangegangene Generation von ihren »Sünden«, wenn Sie die jeweiligen Situationen durch die Schutzengel heilen lassen. Die daraus folgende innere Aussöhnung mit Ihren Eltern ist die Voraussetzung dafür, dass Sie sich mit sich selbst versöhnen können – auch dort, wo Sie nicht perfekt sind oder Schuld auf sich geladen haben.

Wenn Sie nicht aus tiefstem Herzen, also nicht nur intellektuell, Ihren Eltern vergeben können, ihnen verzeihen, sie so annehmen, wie sie geworden sind, mit all ihren Mängeln und ihrem Versagen, können Sie auch sich selbst nicht vergeben, sich annehmen, sich lieben – denn die Eltern leben jetzt in Ihnen!

Jedes Muster, das Sie an Ihre Bezugspersonen »zurückgeben« und auflösen, ist ein Stück Befreiung von den Eltern, führt zu Vergebung und Ablösung. Mit jedem Muster, welches Sie umwandeln, werden Sie ein Stück mehr Sie *selbst*, eigenständig, frei, verantwortlich und zentriert! Dann können Eltern und Vorfahren wieder zu dem werden, was sie in vielen Naturvölkern ganz selbstverständlich sind: eine Quelle der Kraft, des Beistandes und der Weisheit. Die Vorfahren sind diejenigen, die uns vorausgegangen sind, die den Weg und uns gut kennen und die uns wirklich beistehen wollen, dieselben alten Fehler, die über die Generationen hinweg weitergegeben wurden, nicht in Ewigkeit zu wiederholen.

Das, was ich bei dieser Arbeit »Schutzengel« nenne, können sehr wohl Mitglieder Ihrer Seelenfamilie sein, Vorfahren oder andere spirituelle Helfer, die mit Ihnen zusammen an Ihrem höchsten Wohl arbeiten. Es ist an der Zeit, den Anschluss an diese Hilfe wiederzufinden und zu erkennen, dass wir niemals allein und verlassen sind, selbst wenn es uns in schweren Situationen so vorkommen mag. Wie in dem Beispiel von Anna (siehe Seite 120) können wir dank dieser Arbeit wieder in Kontakt mit unserer Spiritualität kommen und gelassener werden, wenn die Unwetter des Lebens uns beuteln. Zunehmend gelassener wird man auch, wenn man sehen kann, dass die meisten Schwierigkeiten im Leben durch Muster verursacht werden und dass man jetzt ein Werkzeug hat, mit dem sich diese Muster bearbeiten und verwandeln lassen.

Heilung des »inneren Kindes«

Dennoch gibt es natürlich noch genug »Leiden«, welches der Alchimie der Seele nicht oder noch nicht zugänglich ist. Die Voraussetzung für ein erfolgreiches Realighting® ist, wie geschildert, eine Situation, in der Sie die Auslösung des Musters bemerken. Manchmal ist es unmöglich, solch einen auslösenden

Moment zu finden. Sie fühlen sich zum Beispiel seit Tagen bedrückt und niedergeschlagen und haben keine Ahnung, wann und wie das begonnen hat. Hier ist die Methode der Wahl eine spezielle Arbeit mit dem »inneren Kind«. Es gibt bereits sehr viele gute Bücher über das innere Kind[44], die einen ersten Eindruck vermitteln und zum Teil auch konkrete Hinweise zum Umgang mit dem Kind enthalten. Beispielsweise können Sie dort lernen, wie man mit dem »inneren Kind« in Dialog tritt, um herauszufinden, was das Kind gerade erlebt und was es jetzt von Ihnen, dem oder der Erwachsenen, braucht, damit es sich wieder besser fühlt.

Im Zusammenhang mit der Methode des Realighting® steht Ihnen ein geeignetes Werkzeug zur Heilung des verletzten Kindes bereits zur Verfügung! So, wie man den »alchimistischen« Teil (die Kurzform des Realighting®) auch unabhängig von der Heilung der traumatischen Kindheitssituation durchführen kann, ist es natürlich auch möglich, diesen therapeutischen Teil vom Rest der Übung abzutrennen. Wenn Sie keinen Auslöser für Ihr momentanes schlechtes Gefühl oder Problem finden können, versetzen Sie sich zurück in Ihre Kindheit, in die erste Situation, in der Sie sich als Kind genauso gefühlt haben, und heilen diese Situation als heutige/r Erwachsene/r und mit Hilfe der Schutzengel: Nachdem Sie sich entspannt haben und innerlich leer geworden sind (Punkt 6 der Übungsanleitung), fühlen Sie sich so intensiv wie möglich in das momentane »Unwohlsein« ein. Danach führen Sie einfach die Punkte 11 und 12 der Übungsanleitung durch (bzw. programmieren die entsprechenden Tracks auf der CD)! Das hilft Ihnen eventuell auch dabei herauszufinden, wodurch dieses schlechte Gefühl (Muster) ausgelöst wurde, so dass es vielleicht doch noch realightbar wird. Ein wichtiger Unterschied der Arbeit mit dem inneren Kind im Vergleich zum Realighting® besteht darin, dass wir die schlechten Gefühle des Kindes nicht »Muster« nennen, sondern »Verletzungen«. Auflösbare Muster sind es erst auf der Erwachsenen-Ebene – auf der Kind-Ebene geht es um Verletzungen, die geheilt werden müssen, damit sich der heutige Erwachsene anschließend auch von seinen Mustern befreien kann (siehe auch Kapitel 4, Seite 34 f.).

Reinkarnationstherapie

Darüber hinaus gibt es immer noch bestimmte Komplexe oder Problemkreise, die sich weder mit Realighting® noch mit der Heilung des inneren Kindes endgültig auflösen lassen. Im Gegensatz zu den Mustern, die wir während der Kindheit von unseren Bezugspersonen übernehmen, handelt es sich dabei um Lebensmuster, deren Entstehung noch früher, zum Beispiel während vergangener Inkarnationen, anzusiedeln ist und die während der Schwangerschaft oder in der frühen Kindheit lediglich reaktiviert wurden. Diese Muster erkennt man daran, dass sie in nahezu unerschöpflichen Variationen wiederzukehren scheinen. Oft sind sie auch von einer ausgeprägten körperlichen Symptomatik begleitet, einer bestimmten Krankheit oder Behinderung.

Hier setzt eine weitere Methode ein, mit der ich in Einzelsitzungen arbeite: eine besondere Art der Rückführungs- oder Reinkarnationstherapie[45], die nicht nur das Zurückgehen in die traumatische Entstehungssituation und deren Wiedererleben ermöglicht, sondern – wie bei der Alchimie der Seele – auch deren Verwandlung und Auflösung. Indem dieses ursprüngliche Trauma geheilt wird, löst sich der Komplex auch in der Gegenwart auf – oft mit viel größeren Auswirkungen auf das heutige Leben, als zuvor vorstellbar war. Es kann dabei auch zu »Wunderheilungen« kommen, indem zum Beispiel ein seit Jahren bestehendes Körpersymptom nach einer Sitzung vollständig verschwunden sein kann (z.B. ein HWS-Syndrom, bei dem das Drehen des Kopfes sehr schmerzhaft und nahezu unmöglich ist).

Da der Schwerpunkt dieses Buches auf dem Realighting® liegt, mögen diese Hinweise auf Erweiterungsmöglichkeiten des therapeutischen Vorgehens fürs Erste genügen.

Meditation

Wenn irgend möglich, beginnen Sie mit einer Meditationspraxis, um bewusster und achtsamer zu werden. Besonders empfehlenswert im Zusammenhang mit der Alchimie der Seele sind die schon zuvor erwähnten Formen, die den »inneren Zeugen« entwickeln. Die Vipassana-Meditation, die ich in Sri Lanka kennen lernte, legt zu Beginn den Schwerpunkt auf das Ankommen im Hier und Jetzt, das heißt bewusst und wertfrei wahrnehmen und benennen zu lernen, was sowieso gerade im Bewusstsein ist, ohne es verändern zu wollen oder Emotionen dazu zu entwickeln. Das heißt, dass man im Sitzen oder Gehen das Bewusstsein auf den gegenwärtigen Moment richtet. Wenn man ein- oder ausatmet, benennt man diesen Vorgang in dem Augenblick, in dem er geschieht (»einatmen« – »ausatmen« – »Pause«). Wenn sich etwas anderes ins Bewusstsein vordrängt, wie zum Beispiel Schmerz oder Jucken in einem Körperteil, Emotionen wie beispielsweise Angst oder

Ärger, Sinneswahrnehmungen wie zum Beispiel Hören oder Riechen, oder Gedanken, dann benennt man dies in dem Augenblick, in dem man es wahrnimmt, und zwar so lange, wie man es bemerkt – danach kehrt man zum achtsamen Atmen zurück.

Ein psychologisches Gesetz, das auch die Gestalttherapie benutzt, besagt, dass in jenem Moment, in dem man etwas ins Zentrum seines Bewusstseins nimmt, es nicht genauso bleiben kann, wie es ist: Es beginnt sich zu verändern! Bewusstsein, Gefühle, Leben sind nicht statisch, sondern im ständigen Fluss. Sich nicht mehr zu wehren gegen diesen Fluss heißt, mitzufließen, mitten im Leben zu sein und seinen Weg zu gehen ...

Thich Nhat Hanh, ein vietnamesischer Mönch, den *Martin Luther King* schon 1967 für den Friedensnobelpreis vorgeschlagen hat und der seit 1973 in einer kleinen Ordensgemeinschaft in Frankreich lebt, lehrt und schreibt[46], geht nicht nur mit wertfreier Achtsamkeit mit dem um, was gerade ist, sondern mit *liebender* Achtsamkeit. Das ist für uns selbstkritische und wertende Westler eine wirklich gute Form, die uns lehrt, liebevoller mit uns selbst umzugehen. In *Ein Lotos erblüht im Herzen* schlägt er vor, die eigenen Organe mit liebender Achtsamkeit zu berühren. Zum Beispiel das Herz: »Während ich einatme, bin ich mir meines Herzens bewusst. Während ich ausatme, lächle ich meinem Herzen zu.«

Zum Bewusstwerden im Sinne der Musterarbeit und zum Einüben dieser wertfreien Haltung der liebenden Achtsamkeit schlage ich vor, während der Meditation auch mit Schmerzen oder Emotionen (Mustern) so umzugehen, beispielsweise: »Während ich einatme, bin ich mir meiner Rückenschmerzen (oder ›Unruhe‹, ›Angst‹, ›Ärger‹ etc.) bewusst. Während ich ausatme, lächle ich meinen Rückenschmerzen (oder was immer es gerade ist) zu.« Statt »Zulächeln« kann man auch »liebevoll streicheln« oder »umarmen« sagen.

Der »innere Schweinehund«

Zum Abschluss dieses Kapitels möchte ich noch auf eine sehr menschliche Eigenschaft – Musterung – hinweisen, die den Erfolg von allem, was uns gut tut, immer wieder zu verhindern weiß. Dieser kleine oder große innere »Schweinehund« äußert sich nicht nur im Zweifeln und Aufschieben, wie das schon früher am Beispiel des Ego beschrieben wurde, sondern es handelt sich dabei auch um so etwas wie »Ermüdungserscheinungen«.

Wenn Sie eine Zeit lang etwas tun, was wirklich gut für Sie ist, wenn Sie sich zum Beispiel voll auf das Realighting® gestürzt und hervorragende Erfahrungen damit gemacht haben, kommt eines Tages ein Zeitpunkt, an dem es einzuschlafen beginnt, irgendwie nicht mehr richtig zu funktionieren scheint und wo Sie lustlos werden. Dies passiert besonders leicht, wenn Sie das Ganze allein machen. Andere »Mitstreiter« können einen dann oft wieder motivieren oder einen neuen Impuls setzen.

Und genau darum geht es. Ein Mensch ist kein »Perpetuum mobile«, welches sich ohne weitere Energiezufuhr endlos weiterbewegen kann. Eher angebracht ist der Vergleich mit einem Rad, das, mit Schwung angestoßen, eine ganze Strecke sicher rollt. Aber irgendwann beginnt das Rad langsamer zu werden, kommt ins Trudeln und fällt sogar um, wenn kein neuer »Schubs« erfolgt.

Wenn Sie um diese Gesetzmäßigkeit wissen und sie einplanen, dann werden Sie auch rechtzeitig bemerken, dass Sie wieder einen »Schubs« brauchen, falls die Transformationsarbeit irgendwie »zäh« wird. Am leichtesten geht es, wenn das Rad zu trudeln beginnt. Ist es bereits umgefallen (die Muster-Arbeit bereits in der Schublade gelandet), braucht es ein bisschen mehr Energie, um das Rad wieder aufzuheben und erneut ins Rollen zu bringen. Aber da dies nicht allzu schwer ist, ist es auch nicht sinnvoll, sich wegen solch eines normalen Vorgangs Vorwürfe zu machen.

Was könnte so ein neuer »Schubs« sein? Wenn Sie dem Rad vergleichbar sind, dann muss der Schubs von außerhalb Ihrer selbst erfolgen! Also: Kontakt mit anderen Menschen, die diese Arbeit auch tun (Sie könnten z.B. eine Selbsthilfegruppe gründen!), das Lesen in diesem oder einem anderen Buch, die Teilnahme an einem Seminar oder Übungsabend bzw. eine Einzelsitzung – all das kommt in Frage, um Sie wieder in Gang zu bringen. Sie können zu jedem Zeitpunkt wieder neu beginnen und weitergehen auf diesem Weg der Arbeit an sich selbst! Ich wünsche Ihnen viel Erfolg dabei!

12 Realighting® und der Bezug zur Überlieferung der Alchimisten und »Hermetiker«

> Der Mensch ist der Mikrokosmos,
> die Schöpfung ist der Makrokosmos – die Einheit.
> Alles kommt von dem Einen.
> Durch Sammlung der Macht der Kontemplation
> kann alles erreicht werden.
> Diese Essenz muß vom Körper erst getrennt
> und dann mit ihm verbunden werden.
> Dies ist das Werk.
> Beginne mit Dir selbst und ende mit allem.
> Vor dem Menschen, jenseits des Menschen, Umwandlung.
>
> *Wahrnehmung des Jafar Sadiq*[47]

Da ich im Realighting® eine nicht nur bildliche, sondern, wie in den vorangegangenen Kapiteln und Zitaten deutlich wurde, auch eine ganz reale Verbindung zur Alchimie sehe, ist es mir ein Bedürfnis, hier auch noch kurz auf die alchimistische Tradition einzugehen. In dem vorangestellten Zitat des Jafar Sadiq ist die Essenz der hermetischen Überlieferung und die des Realighting® enthalten. Weiter unten werde ich auch noch die Inhalte der Tabula Smaragdina des Hermes Trismegistos aufführen, die wahrscheinlich das älteste alchimistische Wissen darstellen, über das wir heute verfügen.

Die Geschichte der Alchimie

Man nimmt an, dass die Geschichte der Alchimie oder hermetischen Philosophie auf diesen Überlieferungen des Hermes Trismegistos basiert, der zirka 3000 Jahre v.Chr. gelebt haben soll. In den angeblich 300 Jahren seines Lebens hatte er Schüler aus vielen Ländern, die das erfahrene Wissen hauptsächlich mündlich, also wieder an Schüler, weitergaben. Im 8. Jahrhundert gab es eine Blütezeit im Islam unter Imam Jafar Sadiq (700 – 765) und seinem Schüler Jabir Ibn el-Hayyan, der im Westen unter dem Namen Geber bekannt wurde. Aber auch in Indien, besonders in Tibet und im alten China gab es alchimistisches Wissen und entsprechende Texte.[48] Im 16. Jahrhundert schlug die Alchimie im europäischen Raum hohe Wellen, insbesondere im Prag Rudolf II. gab es eine Hochburg der »Goldmacher« und Magier.

Ursprünglich war die Alchimie eine ganzheitliche Wissenschaft, die auf der Beobachtung der Natur und der Anwendung der Prinzipien beruhte, die man im Wirken der Natur fand. Ihr Interesse richtete sich auf die »Vervollkommnung« der Stoffe und des Menschen. Philosophie und Laborarbeit bedingten sich gegenseitig.

Die Rosenkreuzer begannen im 17. Jahrhundert die spirituelle Seite mehr hervorzuheben, woraufhin die mehr wissenschaftlich Interessierten sich der materiellen Seite zuwandten und so die naturwissenschaftliche Chemie entstand. Zu Beginn der industriellen Revolution im 19. Jahrhundert hatten sich längst auch die anderen Naturwissenschaften aus der ganzheitlichen Weltsicht der Alchimie herausdividiert: Die Chemie als Wissenschaft von der Materie, vom Stoff und die Physik als

Wissenschaft der Energien und Kraftfelder drifteten auseinander. Die Medizin interessierte sich für die einzelnen Krankheitssymptome und verlor den Menschen in seiner Gesamtheit und seiner Einbettung in den Kosmos aus den Augen. Die Astrologie schied sich von der Astronomie.

Im Zentrum der Naturwissenschaften stand nicht das Interesse an der Vervollkommnung, sondern die »Analyse«, die Zusammensetzung der Stoffe. Der Schwerpunkt verlagerte sich vom Qualitativen auf das Quantitative.

Der Gesamtzusammenhang von »Allem, was ist« ging damit in den Naturwissenschaften verloren, so dass wir heute dabei sind, die Lebensgrundlage auf unserem Planeten zu zerstören. Alles, was (isoliert von allem anderen gesehen) zu »nützen« scheint, hat auf der anderen Seite unbeabsichtigte Nebenwirkungen, die den Nutzen fraglich werden lassen. Zu diesen Nebenwirkungen kann man auch das Ozonloch, die Verschmutzung des Trinkwassers und der Luft, die zunehmende Vergiftung unserer Nahrung durch chemische Düngung bzw. Schädlingsbekämpfung sowie die Nebenwirkungen allopathischer Medikamente zählen. Beispielsweise hat die Weltgesundheitsorganisation (WHO) gerade Alarm geschlagen, dass Antibiotika immer weniger helfen, weil immer mehr Erreger, zum Beispiel die von Tuberkulose (TBC), inzwischen resistent geworden sind. Diese und andere Krankheiten werden also wieder lebensgefährlich. Die Ursache dafür sieht man in dem massiven Einsatz von Antibiotika in der Tiermast (Zusatz zum Kraftfutter in der Massentierhaltung), die über den Fleischverzehr unkontrolliert auf die Teller, aber auch mit Mist und Gülle auf die Felder und ins Trinkwasser gelangen, so dass eine wachsende Resistenz gegen Antibiotika beim Menschen zu verzeichnen ist. Tiermehlverfütterung bei Rindern hat wahrscheinlich zu BSE geführt. Die einseitige Ausrichtung auf Gewinnoptimierung und die damit verbundene Einschränkung der Sicht des Gesamtzusammenhanges in der Natur bewirken also das Gegenteil des alchimistischen Ziels der »Vervollkommnung«!

Die Alchimisten haben ihre »Formeln« zur Vervollkommnung des Natürlichen (des Menschen und der Stoffe) aus der Beobachtung der Natur und ihres Wirkens abgeleitet. Sie erkannten, dass »das Werk der Natur in einer ununterbrochenen Reihe von Auflösungen und Verdichtungen oder von Zerstörungen und Gestaltungen (besteht), so dass die Auflösung eines geformten Ganzen bereits die Vorbereitung zu einer neuen Vereinigung einer *forma* mit ihrer *materia* ist ... Ebenso schafft der Alchimist: Nach dem Leitsatz *solve et coagula* löst er die unvollkommenen Verdichtungen der Seele auf, führt sie auf ihre *materia* zurück und kristallisiert sie von neuem in einer edleren Form. Doch dieses Werk kann er nur im Einklang mit der Natur vollbringen, kraft einer natürlich-seelischen Schwingung, die im Laufe des Werkes erwacht und das menschliche mit dem kosmischen Reiche verbindet. Dann kommt die Natur von selbst der Kunst zu Hilfe, gemäß dem alchimistischen Sprichwort: ›Das Fortschreiten des Werkes gefällt der Natur sehr.‹«[49]

Die Methode des Realighting® erlaubt es nun, sich an das ja bereits vorhandene, von den Alchimisten einst erarbeitete Wissen wieder anzuschließen und es zur persönlichen Heilung und Vervollkommnung einzusetzen. Während des Umwandlungsprozesses benutzen wir das Vorbild von den Auflösungen/Zerstörungen und Verdichtungen/Gestaltungen in der Natur, um eine »neue, edlere Form zu kristallisieren«, das heißt, um aus dem »Muster« oder »Symptom« die neue

Lebensqualität entstehen zu lassen. Dabei »kommt die Natur von selbst der Kunst zu Hilfe«, indem einem die jeweils stimmige Lösung am Ende tatsächlich geschenkt wird.

Paracelsus

Philippus Theophrastus Bombastus von Hohenheim, uns besser bekannt als Paracelsus (1493 – 1541), sah die Alchimie als universale Wissenschaft und Mutter aller übrigen Wissenschaften. Er legte sich heftig mit der damaligen Ärzte- und Apothekerschaft an, denen er vorwarf, »Hundemetzger, Lügner, Bescheißer ... und Mörder« zu sein, weil sie sich mit den Mysterien der Natur nicht mehr auskennten, sondern sich allein auf überliefertes papierenes und verdorbenes Bücherwissen beriefen, wodurch sie aus reiner Gewinngier den Menschen Schaden zufügten. »Wer kann einen Arzt loben, der die Art der Natur weder kennt noch versteht? Wer soll ihm vertrauen? Wo doch ein Arzt nichts anderes sein soll als ein Natur-Kundiger und einer, der der Natur Eigenschaft, Wesen und Art erkennt. Wenn er nicht diese Dinge, wenn er nicht die Zusammensetzung der Natur kennt, was vermag er dann bei ihrem Wieder-Auflösen? Begreift, daß ihr auflösen müßt! Wieder zurückgehen! Alle die Werke, die die Natur vorangetrieben hat, von einer Stufe zur anderen – die müßt ihr wieder auflösen! Und wenn ihr oder ich von dieser Auf-Lösung nichts wissen oder verstehen, sind wir nichts als Mörder und Würger, Hornochsen und Stümper!« ... »So wollen Natur und Mensch in Gesundheit und Krankheit miteinander verbunden und miteinander verglichen und zusammengebracht werden. Hier liegt der Weg der Heilung und Gesundmachung. Dies alles bringt die alchimei zur Vollendung, ohne sie kann nichts geschehen.«[50]

Das Thema »Natur und Mensch« ist auch heute aktuell, sind doch viele Naturheilmittel derzeit davon bedroht, von den zuständigen Kommissionen der EU nicht mehr zugelassen zu werden, da sie den »wissenschaftlichen Anforderungen« nicht genügen. In der *Süddeutschen Zeitung* vom 2./3. Oktober 1997 wird unter dem Titel »Wirksamer als Placebos« von einer Studie berichtet, die den Nutzen homöopathischer Medikamente statistisch nachweist. »Das kann nach den bekannten naturwissenschaftlichen Gesetzen der Medizin aber nicht sein. Viele homöopathische Präparate sind so extrem verdünnt, dass sie praktisch keine Reste der Ausgangssubstanz mehr enthalten – also selbst ein Placebo sind.« Also musste nach Fehlern im Entwurf und in der Durchführung der Studie gesucht werden – dennoch »blieben homöopathische Therapien deutlich (›signifikant‹) besser als die Scheinmedikamente, so dass ein Zufall unwahrscheinlich ist.«

Die Alchimie als die »Wissenschaft vom Geistartigen in der Materie«[51] dürfte keine Schwierigkeiten mit dem Verständnis dieser Ergebnisse haben: Ist es doch gerade die Erhöhung in das »Geistartige«, also die »Potenz« der homöopathischen Mittel, die die beabsichtigte Heilwirkung hat. Paracelsus und seine Nachfolger haben in der spagirischen Medizin den alchimistischen Prozess direkt auf die Behandlung von Pflanzen und Mineralien zur Zubereitung von Heilmitteln bezogen – durch *solve et coagula* (»Spagirik« enthält die griechischen Worte für Trennen und Wiedervereinigen) wird das Geistige aus der Materie befreit und zur Heilung eingesetzt.[52] Ausführlicher möchte ich auf diesen medizinischen Ansatz hier nicht eingehen.

Interessant im Zusammenhang mit der Alchimie der Seele wäre jedoch, ob sich das Realighting® auch auf körperliche Symptome anwenden ließe, ob man also auch selber das am besten geeignete Naturheilmittel bei der Imagination finden könnte. Es gibt in letzter Zeit immer wieder Rückmeldungen von Menschen, die Migräne, Schnupfen, Kopf-, Magen-, Hals- und Gliederschmerzen mit Realighting® aufgelöst oder zumindest verbessert haben. Auch Herpesbläschen, Hämorrhoiden und Allergien ließen sich zum Verschwinden bringen. Jedenfalls hilft Realighting®, mit durch Krankheiten hervorgerufenen Symptomen wie Schmerzen oder Ängsten leichter fertig zu werden.

Alchimistische Literatur

Wie Idries Shah, der anerkannte Fürsprecher des Sufismus im Westen, in seinem Buch *Die Sufis* im Kapitel über den »Stein der Weisen« ausführt, ist »die Literatur über die Alchimie, welche man als einheitliches Phänomen zusammenfaßte, so umfangreich, daß schon mancher sein ganzes Leben mit dem Versuch verbracht hat, sie zu verstehen«. Diese Literatur »enthält mehr oder weniger offensichtliche Fälschungen im Griechischen, Lateinischen, Arabischen und in späteren westlichen Sprachen. Diese Schriften sind manchmal unzusammenhängend, von Symbolik verschleiert, durchsetzt mit Allegorien und so bizarren Vorstellungen wie Drachen, dem Wechsel der Farben bei der Erzeugung von Gold, flammenden Schwertern, Metallen und Planeten«.

Kein Wunder, dass ich selbst schnell verwirrt war, als ich begann, mich ausführlicher mit den alten Texten zu beschäftigen. Die alchimistischen Schriften von C.G. Jung, die mir anfangs als große Hilfe erschienen, waren es dann doch nicht, weil Jung die Bilder in sein eigenes System übernommen und unter den Gesichtspunkten des Individuationsprozesses gedeutet und ausgeschmückt hat. Das ist natürlich nicht verkehrt, weil es bei den alchimistischen »Rezepten« ja tatsächlich um die innere Entwicklung des Menschen geht, aber für meinen eigenen Ansatz wurde vieles komplizierter als das, was ich zum Teil in Originaltexten fand. Ich bin also so frei, es ebenso zu machen wie C.G. Jung: Ich beziehe die geeigneten Textstellen direkt auf meinen Arbeitsansatz, auch wenn vieles, was in keinem deutlichen Zusammenhang dazu steht, dabei unter den Tisch fällt. Wenn Ihr Interesse an der Alchimie größer ist, empfehle ich Ihnen, sich selbst einzulesen[53] und sich Ihre eigenen Gedanken zu machen.

Einigen Kapiteln habe ich alchimistische Zitate vorangestellt und bin auch kurz im Text darauf eingegangen. Ich habe, wie Idries Shah, C.G. Jung, Edward F. Edinger und viele andere Autoren, die Texte auf die seelische Entwicklung des Menschen bezogen. Tatsächlich gibt es aber einige Berichte von wirklicher Goldherstellung aus anderen Materialien. Ich weiß nicht, was daran wahr ist, aber es bereitet mir keine Schwierigkeiten, es für möglich zu halten. Wenn der hermetische Grundsatz gilt: »Wie oben, so unten« – und, nach der Formulierung von Paracelsus, »Wie innen, so außen« –, dann muss eigentlich auch in der Materie möglich sein, was im Feinstofflichen oder im Geistigen funktioniert (so, wie Realighting® offenbar nicht nur im feinstofflichen, psychischen, sondern auch im körperlichen Symptombereich anwendbar zu sein scheint).

Interessant im Zusammenhang zur Alchimie der Seele sind auch Texte, die auf die Wichtigkeit von Pflanzen und der

Natur überhaupt hinweisen. Im Folgenden seien einige Zitate aus einem Buch von Mellie Uyldert[54] wiedergegeben: »Wie man weiß, wird beim alchemistischen Goldmachen in einem bestimmten Stadium eine Pflanze zu Hilfe genommen. Welche es ist, wird immer streng geheimgehalten.« Die scheinbare Geheimhaltung könnte auch darin begründet sein, dass es, wie beim Realighting® auch, um jeweils verschiedene Pflanzen ging, die eine Transformation in Gang setzen können.

»Es gibt viele Geschichten über Goldmacher, die irgendwo eine bestimmte Pflanze suchen ...« »Der 1883 geborene Goldmacher Tausend gab 1922 eine von ihm verfasste Schrift mit dem Titel *180 Elemente, ihre Atomgewichte und ihr Platz im harmonisch-periodischen System* heraus. Darin stellt er die Theorie auf, dass zwischen den chemischen Elementen der gleiche Zusammenhang besteht wie zwischen den Tönen der Musik. Jeder Ton und jedes Element hat eine bestimmte Schwingungszahl. Wie man nun von einer Tonart in die andere übergehen kann, so kann man auch von einem Element zu einem anderen übergehen (Transmutation), wenn man nur ihre Schwingungszahlen kennt ... Tausend sagte, dass aus organischen Stoffen gewonnene Elemente am besten für Transmutationen geeignet seien und dass die Asche von Pflanzen in ihren Salzen deutliche Hinweise für die Transmutation enthielte, die im Kreislauf der Atome liegt. Obwohl seine Kunst und Lehre bis zum sog. Kleinen Werk, bei dem 10 g Gold gewonnen wurden, bewiesen wurde, kam Tausend ins Gefängnis, so dass er die Arbeiten nicht fortführen konnte. Im Februar 1933 kam er wieder frei. Im Gefängnis vertraute er dem Runen-Spezialisten Marby an, dass überall in der Natur Gold in statu nascendi vorhanden ist, insbesondere im Quarzgestein, sowie im Pflanzenreich in den Blumen der Sonne, vor allem der Sonnenblume ...« Tatsächlich war die Sonnenblume die am häufigsten erscheinende Pflanze beim Realighting®! In letzter Zeit tauchen bei den Umwandlungen vermehrt Gold, Silber, Diamanten, Bergkristall und vor allem Wasser (Rock Water!) auf.

Im folgenden Abschnitt möchte ich mich auf eine der ältesten alchimistischen Überlieferungen beziehen, die uns heute zur Verfügung steht. Es handelt sich dabei um die Offenbarung des Hermes Trismegistos auf der Smaragdenen Tafel (Tabula Smaragdina). Auf die ebenfalls sehr alten sieben hermetischen Prinzipien, die uns im Kybalion (mündliche Überlieferung von Lehrer zu Schüler) überliefert wurden (das Prinzip der Geistigkeit, das Prinzip der Entsprechung, das Prinzip der Schwingung, das Prinzip der Polarität, das Prinzip des Rhythmus, das Prinzip von Ursache und Wirkung und das Prinzip des Geschlechts) will ich hier inhaltlich nicht näher eingehen.

Hermes Trismegistos, der »Dreimal Große« oder »Meister aller Meister«, wurde von den alten Ägyptern Thot genannt und soll ein Zeitgenosse Abrahams gewesen sein; jedenfalls gilt er als personifizierte Quelle der Alchimie. Aber auch die Sternenkunde, die Mathematik und andere kulturelle Grundlagen beruhen auf ihm. Alle großen Religionen und Philosophien des Orients und Okzidents sollen von ihm und seinen Lehren beeinflusst worden sein.

Die Offenbarungen der Tabula Smaragdina

In den Worten der Tabula Smaragdina findet man angeblich alle Geheimnisse der »Kunst«:

1. »In Wahrheit, gewiss und ohne Zweifel: Das Untere ist gleich dem Oberen und das Obere gleich dem Unteren, zu wirken die Wunder eines Dinges.«
2. »So wie alle Dinge aus Einem und durch die Betrachtung eines Einzigen hervorgegangen sind, so werden auch alle Dinge aus diesem Einen durch Abwandlung geboren.«
3. »Sein Vater ist die Sonne, und seine Mutter ist der Mond. Der Wind trug es in seinem Bauche, und seine Amme ist die Erde.«
4. »Es ist der Vater aller Wunderwerke der ganzen Welt.«
5. » Seine Kraft ist vollkommen, wenn es in Erde verwandelt wird.«
6. »Scheide die Erde vom Feuer und das Feine vom Groben, sanft und mit großer Vorsicht.«
7. »Es steigt von der Erde zum Himmel empor und kehrt von dort zur Erde zurück, auf dass es die Kraft des Oberen und des Unteren empfange. So wirst du das Licht der ganzen Welt besitzen, und alle Finsternis wird von dir weichen.«
8. »Das ist die Kraft aller Kräfte, denn sie siegt über alles Feine und durchdringt alles Feste.«
9. »Also wird die kleine Welt nach dem Vorbild der großen Welt erschaffen.«
10. »Daher und auf diese Weise werden wunderbare Anwendungen bewirkt.«

11. »Und darum werde ich Hermes Trismegistos genannt, denn ich besitze die drei Teile der Weisheit der ganzen Welt.«
12. »Vollendet ist, was ich vom Werk der Sonne gesagt habe.«

Thorwald Dethlefsen schreibt dazu: »Ich weiß, wie nichtssagend dieser Text anfangs auf den modernen Menschen wirkt. Dies liegt jedoch nicht am Text, sondern an unserem Verständnis. In diesen ... Thesen ist alles Wissen zusammengefasst, das dem Menschen jemals zugänglich ist.«[55]

Die Offenbarungen der Smaragdenen Tafel, die den Schöpfungsprozess beschreiben, sind tatsächlich recht bildhaft und verschlüsselt, also nicht auf Anhieb verständlich. Mit etwas Phantasie lassen sie sich aber auch auf das Realighting® übertragen. Der Text sagt aus, dass die »obere«, göttliche Schöpfungsordnung der »unteren«, menschlichen entspricht (Punkt 1). Alle Dinge werden aus dem Einen durch Abwandlung geboren: Der All-Eine ist ganz und unteilbar, mit der Schöpfung aber entstehen die Polarität und die anderen Gesetze, die im KYBALION als die bereits genannten sieben »hermetischen Prinzipien« aufgeführt werden. Durch das Prinzip der Geschlechtlichkeit, also des Männlichen und des Weiblichen, wird die weitere Schöpfung in Gang gesetzt, die sich immer mehr ausdifferenziert und »abwandelt« (Punkt 2).

Bezogen auf ein Beispiel aus unserer Arbeit heißt das: Aus der einen Grundhaltung »Angst« differenzieren sich die weiteren Grundmuster heraus, und aus diesen wiederum die zahllosen Abwandlungen der Einzelmuster. Aus der einen Grundhaltung »Liebe« wandeln sich im Verlauf der Schöpfung die verschiedenen »Seinsqualitäten« ab.

Die Zweiheit der Geschlechtlichkeit allein (männlich/Intellekt: Sonne, weiblich/Gefühl: Mond) reicht aber zur Schöpfung (z.B. des Menschen oder des neuen Seinsgefühls, des inneren Goldes) nicht aus, es braucht die »Vierheit«. Das Dritte, die Materie oder Erde, bildet den »Körper« und nährt ihn (wie eine Amme). Und ohne das Vierte, das Feinstoffliche, den geistigen Impuls oder die Seele (Wind) entsteht nichts, bewegt sich nichts (Punkt 3). Wir finden also bildlich die Vierheit unseres Selbst wieder und erinnern uns, dass beim Realighting® nur durch die Beteiligung aller vier Anteile eine dauerhafte Transformation und Lösung (= das Zurückfinden zum ursprünglichen göttlichen Impuls im »Bauch des Windes«, also in unserer Seele) möglich ist! Die Ganzheit dieser Vier ist der Vater (Schöpfer), also die Ursache aller Dinge (Wunderwerke) zwischen Himmel und Erde (Punkt 4).

Weiterhin ist zur Umwandlung nötig, das Muster »in Erde zu verwandeln« (Punkt 5), das heißt einmal das Zermahlen in die Prima Materia, aber auch später beim Säen muss der Samen verwesen, zu Erde werden, damit das Neue wachsen kann.

Es ist notwendig, das Materielle (Erde, das Grobe) vom Feinstofflichen, Geistigen (Feuer, das Feine) zu trennen, also das »Muster« (feinstofflich) aus dem Körper (Materie) herauszunehmen (Punkt 6), ehe es im Licht (Himmel) die Kraft des Oberen empfangen kann, und dann, zurück in der Erde, auch die Kraft des Unteren. Das Bild der Maria Prophetissa[56] (auch als Schwester des Moses oder »die Hebräerin« benannt), zeigt, wie sie auf eine Pflanze deutet, die inmitten der sich vermengenden Energien von Himmel und Erde auf einem Hügel wächst – man könnte den Vorgang der Empfängnis des »Oberen« und des »Unteren« (Punkt 7) und das Ergebnis des Realighting® kaum besser darstellen:

Bei diesem Vorgehen entsteht das neue Seinsgefühl als das »Licht der ganzen Welt« (im Bild dargestellt als die Pflanze, die dieses Gefühl vermittelt) und »alle Finsternis (Muster) wird von dir weichen« (Punkt 7).

»Daher und auf diese Weise werden wunderbare Anwendungen bewirkt« (Punkt 10).

Das Realighting®, welches auf diesen Prinzipien beruht, wirkt tatsächlich wunderbar – so wie die spagirisch (also nach den oben genannten Grundsätzen) hergestellten Arzneien, aber auch, wie homöopathische Mittel, Blüten- und Edelsteinessenzen (= das Geistige in der Materie) »wunderbare Anwendungen« ermöglichen.

Je nach Potenz (Homöopathie) wirken diese Mittel vorwiegend im feinstofflichen Bereich (... »siegen über alles Feine«) oder mehr auf der Körperebene (... »durchdringen alles Feste«) (Punkt 8).

Die Alchimisten bemühten sich, die Prinzipien zu verstehen, so dass sie sie handhaben konnten und ihnen nicht mehr ausgeliefert waren. Übereinstimmend wird beschrieben, dass die Prinzipien Gesetzmäßigkeiten sind, denen die gesamte Schöpfung unterworfen ist. Auch ein Meister kann diese Gesetze nicht für sich auflösen, wohl aber »neutralisieren«, indem er es versteht, sich auf eine jeweils höhere energetische Ebene zu begeben.

Realighting® als »Stein der Weisen«?

Wichtig zum Verständnis der Alchimie der Seele ist das Erkennen, dass wir mit jeder Umwandlung für einen Moment selbst zum »Meister« werden, indem wir auf eine jeweils höhere energetische Ebene aufsteigen, auf der wir den »Prinzipien« nicht mehr ausgeliefert sind. Vom reflexartig Reagierenden werden wir in diesem bestimmten Bereich zum freiheitlich Handelnden. Man könnte die alchimistischen Schriften so verstehen, als ob die Vervollkommnung der »Prima Materia« in den »Stein der Weisen« eine sofortige Transformation auf allen Ebenen bewirkt statt nur in dem behandelten Gebiet. Eine ähnliche Vorstellung machen sich viele Menschen von der »Erleuchtung«.

Aber hier wie da gelangt der Mensch danach wieder zurück in die Normalität des »Marktplatzes« (wie in den Ochsen-Bildern des Zen[57]) und ist erneut mit allen Alltäglichkeiten des Lebens in der Welt konfrontiert. Wenn wir bei der alchimistischen Vorstellung bleiben, wird klar, dass der »Stein der Weisen« oder das »Elixier« immer nur den Klumpen Blei in Gold oder jene Krankheit in Heilung verwandelt, die man gerade mit diesem »Wundermittel« behandelt. Für mich ist der »Stein der Weisen«, mit dem man »wunderbare Anwendungen« vollbringen kann, eher der Vorgang des Realighting® selbst.

Hat man dieses Procedere einmal verstanden, lässt es sich wieder und wieder anwenden, Schritt für Schritt, ein Leben lang. Immer von Neuem erleichtert es unser Leben auf diesem Planeten, bringt es Licht in die Dunkelheit, verwandelt jedes Klümpchen »Blei« in »Gold«, bringt es uns zurück zu unserem göttlichen Ursprung und lässt uns wieder eins werden mit unserem liebenden Selbst.

Wir leben heute in einer Zeit der rasanten und für Mensch und Erde immer gefährlicher werdenden technischen Entwicklung. Doch »wo die Gefahr wächst, wächst das Rettende auch« (Hölderlin)!

Es gibt nun dank der einfachen Methode des Realighting® für viele Menschen die Möglichkeit, ihre Lebensqualität und ihre Beziehungen grundlegend zu verbessern, ihre Transformation und die schrittweise Verwirklichung ihrer eigenen wahren Natur zu beschleunigen, ohne dass es großes Wissen, spezielle Vorbildung oder viel Geld braucht. Und um es abschließend nochmals zu betonen: Die unabdingbaren Voraussetzungen dafür sind lediglich:

1. die Fähigkeit, die eigenen »Muster« zu erkennen,
2. der Wille, diese Reaktionen wirklich loswerden zu wollen, und
3. es zu tun, das heißt, das Realighting® konkret anzuwenden.

Dies ist das Werk.
Beginne mit dir selbst und ende mit allem.
Vor dem Menschen, jenseits des Menschen, Umwandlung.

13 Anmerkungen

1 Es gibt beide Schreibweisen: Alchimie und Alchemie. Für meine Arbeit habe ich die »Alchimie« gewählt. In Zitaten übernehme ich den Ausdruck des jeweiligen Autors.
2 **Deepak Chopra, Der Weg des Zauberers.** *20 Schritte, um im Leben das zu erreichen, was man will.* TB Goldmann 1997.
3 **Bob Hoffman, Entfaltung der Liebe.** TB Heyne 1998.
4 Pat Rodegast u. Judith Stanton, Emanuels Buch. Knaur 1992.
5 I. u. K. Bauer, *Tritt aus deinem Schatten.* Herder Verlag, o.J., vergriffen.
6 Der »Prozess« wird im deutschsprachigen Raum z.Zt. durch Institute in Deutschland (Die Lebensschule, Düsseldorf; Quadrinity-PTI, Berlin) und in der Schweiz angeboten. Mehr Informationen im Internet: www.quadrinity.com/ Sie finden dort auch einen bewegenden »Prozess«-Selbsterfahrungsbericht (in englischer Sprache) von *Joan Borysenko*, der anerkannten Wissenschaftlerin, Mitbegründerin der Harvard Mind/Body Clinic und Autorin.
7 z.B. Dirk Albrodt (Hrsg.): *Illustrierte Enzyklopädie der Blütenessenzen.* Edition Tirta 1997. A. Cochrane, C.G. Harvey: *Die Enzyklopädie der Blütenessenzen.* TB Goldmann 1999. Hans Finck: *Handbuch Blütenessenzen.* Scherz 1997, vergriffen.
8 z.B. *Das große Lexikon der Heilsteine, Düfte und Kräuter.* Edition Methusalem.
9 z.B. Irene Dalichow, Mike Booth, Aura-Soma, *Heilung durch Farbe, Pflanzen- und Edelsteinenergie.* Droemer Knaur 2000.
10 Jamie Sams, David Carson: *Karten der Kraft. Ein schamanisches Einweihungs-Spiel in den »Pfad der Tiere«.* Windpferd 2001.
11 Artis Auriferae, 1593, zit. aus: C.G. Jung, s. Anm. 12.
12 C.G. Jung, *Psychologie und Alchemie*, Walter Verlag, 2. Aufl. 1979, S. 360.

13 siehe auch Gerald G. Jampolsky, *Lieben heißt die Angst verlieren.* TB Goldmann 1999.
14 **Pat Rodegast, Judith Stanton, Emanuels Buch. In Harmonie mit dem Kosmos leben.** Knaur 1992, S. 156. Und dslb.: *Liebe jetzt.* Knaur 1991, vergriffen.
15 **Neale Donald Walsh, Gespräche mit Gott – Ein ungewöhnlicher Dialog.** Bd. 1–3, Goldmann 1997, 1998.
16 etwas verändert übernommen aus dem Hoffman-Quadrinity-Prozess.
17 *Engelkarten.* Deutsche Ausgabe der Angel Cards. Greuthof Vlg.
18 zit. in C.G. Jung: *Die Psychologie der Übertragung*, Studienausgabe. Walter Verlag 1973, S. 152 ff.
19 Pat Rodegast, Judith Stanton, *Emanuels Buch. In Harmonie mit dem Kosmos leben.* Knaur 1992, vergriffen.
20 z.B.: Gabriele Lachner vom Max-Planck-Institut für Psychiatrie, München, Silvia Schneider von der Christoph-Dornier-Stiftung für Klinische Psychologie, Dresden.
21 Zitat aus C.G. Jung, *Psychologie und Alchemie*, Studienausgabe. Walter Verlag, 2. Aufl. 1979.
22 Beide Zitate aus C.G. Jung, *Studien über alchemistische Vorstellungen.* Walter Verlag 1978.
23 Jane Roberts, *Die Natur der persönlichen Realität.* Ariston Verlag, 1991.
24 Karlfried Graf Dürckheim, *Vom doppelten Ursprung des Menschen.* Herder 2001.
25 Jane Roberts, *Die Natur der persönlichen Realität*, s. Anm. 23.
26 siehe auch: Christian Weisbach, Ursula Dachs: *Mehr Erfolg durch Emotionale Intelligenz.* Gräfe und Unzer 1997.
27 rororo Handbuch Nr. 6031.
28 Pat Rodegast, Judith Stanton, *Emanuels Buch. In Harmonie mit dem Kosmos leben.* Knaur 1992, vergriffen.
29 aus C.G. Jung: Die Psychologie der Übertragung, S. 152 f., s. Anm. 18.
30 z.B.: s-i-c-h g-e-k-r-ä-n-k-t f-ü-h-l-e-n, bei langen Mustern eventuell auch silbenweise, z.B.: sich un-ter D-r-u-c-k ge-setzt füh-len. Man kann das wichtigste Wort (hier »Druck«) buchstabenweise herausnehmen, den Rest in Silben oder Wörtern.

31 Das kann bei jedem Realighting® auch ein anderes Tor sein, das dich in eine neue Landschaft führt.
32 Vertrau deinen Impulsen – du wirst irgendwie wissen, wo du aussäen sollst – das muss nicht einmal ein Stück Land sein, das kann auch im Wasser sein oder sonstwo.
33 Wieder: Nimm an, was immer geschieht oder nicht geschieht – ohne Wertung oder Erwartung, auch wenn keine Pflanzen entstehen, sondern etwas ganz anderes!
34 Pat Rodegast u. Judith Stanton, *Liebe Jetzt.* Knaur 1991, vergriffen.
35 Damit ist hier der gemusterte Intellekt im Zusammenhang mit dem gemusterten Kind gemeint, also das, was die »Person« ausmacht im Gegensatz zum »Wesen« oder »Spirituellen Selbst« – s. Skizze Seite 49.
36 In der Schule von *Frater Albertus* wurden drei Grundprinzipien der Spagyrik und Alchimie gelehrt: Seperatio – Trennung in die drei Prinzipien Sulfur, Merkur und Sal, Farbe: Schwarz; Purificatio – Reinigung der getrennten Prinzipien, Farbe: Weiß; Cohabatio – Wiederzusammenfügen, Farbe: Rot. Die Angaben über die Arbeitsschritte und deren Reihenfolge differieren bei verschiedenen Autoren.
37 Idries Shah, *Die Sufis.* Diederichs 2000.
38 Wenn die Alchimie der Seele ein gangbarer Weg für Sie ist, lohnt sich das Anlegen eines Registers, in dem man die bearbeiteten Muster alphabetisch ordnet, so dass man im Zweifelsfall schnell nachschauen kann, ob man ein bestimmtes Muster schon realightet hat und somit nach einem anderen Begriff suchen muss.
39 Die Kurzbeschreibung der meisten Blütenessenzen findet man in Cochrane & Harvey: *Die Enzyklopädie der Blütenessenzen.* Goldmann 1999 sowie in Hans Finck, *Handbuch Blüten-Essenzen.* Scherz 1997. Noch benutzerfreundlicher, weil die Pflanzen abgebildet und alphabetisch (statt nach Herstellern) geordnet sind, ist die *Illustrierte Enzyklopädie der Blütenessenzen* von Dirk Albrodt, Edition Tirta 1997.
40 I. Dalichow, M. Booth, *Aura-Soma.* Droemer Knaur 2000.
41 ders.

42 zit. aus: Anette Frankenberger, *Das große Buch der Blütenessenzen.* Droemer Knaur 1995.
43 Jane Roberts, *Die Natur der persönlichen Realität,* s. Anm. 23.
44 z.B.: **Erika J. Chopich und Margaret Paul, Aussöhnung mit dem inneren Kind.** Und: *Das Arbeitbuch zur Aussöhnung mit dem inneren Kind.* Beide im Bauer-Verlag. Arthur Samuels/Elisabeth Lukan, *Im Einklang mit dem inneren Kind – Ein meditativer Weg zu sich selbst.* Herder 2000. **John Bradshaw, Das Kind in uns – Wie finde ich zu mir selbst?** Droemer Knaur 2000.
45 Die umfassendsten Informationen zum Thema finden sich bei Roger J. Woolger, *Die vielen Leben der Seele – Wiedererinnerung in der therapeutischen Arbeit.* Hugendubel 1992, vergriffen. Woolger geht allerdings, nach analytischer Manier (er ist Jungianer), davon aus, dass das Bewusstmachen und Wiedererleben des Traumas genügt, um es aufzulösen. Das kann geschehen, entspricht aber nicht meiner täglichen Erfahrung.
46 Alle Bücher von **Thich Nhat Hanh** sind empfehlenswert. Hier greife ich zwei heraus, die beide im Goldmann Verlag erschienen sind: *Ich pflanze ein Lächeln – Der Weg der Achtsamkeit. Mit einem Vorwort des Dalai Lama,* 1991, und: *Ein Lotos erblüht im Herzen – Die Kunst des achtsamen Lebens,* 1995.
47 aus: Idries Shah, *Die Sufis.* Diederichs 2000.
48 z.B. *Das Geheimnis der Goldenen Blüte. Ein chinesisches Lebensbuch.* 1929 von C.G. Jung und Richard Wilhelm im Dornverlag veröffentlicht.
49 Titus Burckhardt, *Alchemie. Sinn und Weltbild.* Edition Ambra, 2. Aufl. 1992.
50 zit. aus: *Paracelsus. Der andere Arzt. Das Buch Paragranum.* Eingeleitet u. übertragen von Gunhild Pörksen. Fischer Taschenbuch 1990.
51 Max Amann, »Die hermetischen Grundlagen der Spagirik«. Artikel in der Zeitschrift *Naturheilpraxis,* 10/97.
52 Ein Buch zu diesem Ansatz ist z.B. das *Praktische Handbuch der Pflanzen-Alchemie* von Manfred M. Junius, Ansata Verlag 1992. Seminare, Vorträge und Ausbildungen in traditioneller abend-

ländischer Medizin (auf hermetischer Grundlage) findet man bei *Natura Naturans* in München.

53 Empfehlenswert, neben den Schriften von C.G. Jung, finde ich oben genanntes Buch von Idries Shah; darüber hinaus: Titus Burckhardt, *Alchemie – Sinn und Weltbild*, Edition Ambra 1992; Helmut Gebelein, *Alchemie – Die Magie des Stofflichen*, Diederichs 2000; Edward F. Edinger, *Der Weg der Seele – Der psychotherapeutische Prozeß im Spiegel der Alchemie*, Kösel 1990, vergriffen. Paracelsus. *Der andere Arzt. Das Buch Paragranum.* Eingeleitet u. übertragen von Gunhild Pörksen. Fischer Taschenbuch 1990.

54 Mellie Uyldert, *Verborgene Kräfte der Pflanzen*. Irisiana/Hugendubel 1993, bzw. Lübbe 2000.

55 **Thorwald Dethlefsen, Schicksal als Chance.** TB Goldmann.

56 Abb. 78 aus C.G. Jung, *Psychologie und Alchemie*, Studienausgabe. Walter Verlag, 2. Aufl. 1979.

57 Kakuan, »Zehn Bilder des Ochsen«. Enthalten in: Paul Reps, *Ohne Worte – ohne Schweigen. 101 Zen-Geschichten und andere Zen-Texte aus vier Jahrtausenden.* O.W. Barth Verlag, 2. Aufl. 1977.

Hier einige weitere Bücher (neben den in den Anmerkungen hervorgehobenen), die ich zum Thema Selbstwerdung besonders empfehle:

✘ Moritz Boerner, *Byron Katies THE WORK. Der einfache Weg zum befreiten Leben.* Goldmann 1999.

✘ Lee Coit, *Nach innen hören* und *Hören und annehmen,* beide Greuthof Verlag.

✘ Sabrina Fox, *Die Sehnsucht unserer Seele. Die Lust, den eigenen Weg zu finden.* Arkana 1999.

✘ Sabine Korte/Mahindra de Souza, *Der Christus-Meister oder der Himmel in meinem Herzen.* May, Eggenstein 2001.

✘ Rick Phillips, *Flügel für das göttliche Kind. Heilung der Gefühle duch das Höhere Selbst.* Aurum 1996.

✘ Eckhart Tolle, *Jetzt! Die Kraft der Gegenwart: Ein Leitfaden zum spirituellen Erwachen.* J. Kamphausen 2000.

✘ Pyar Troll, *Reise ins Nichts. Geschichte eines Erwachens.* J. Kamphausen 2000.

14 Anhang

Anhang 1

Einige Beispiele von Grundmustern und ihren Abwandlungen

Ablehnung
sich abgelehnt, zurückgewiesen, zurückgestoßen, abgewimmelt, nicht akzeptiert *fühlen*;
ablehnend, zurückhaltend, unzugänglich, unpersönlich, unfreundlich, ungnädig, unnahbar, zugeknöpft, reserviert, verschlossen, kühl, frostig, unterkühlt, kalt, eisig, karg, brüsk, kurz angebunden, kratzbürstig, widerborstig, kritisch, abwertend, abfällig, tadelnd, bissig, spitz, negativ *sein*;
jemanden zurückweisen, abwehren, abwimmeln, von sich weisen, zurückstoßen, schlecht behandeln, nicht akzeptieren, abspeisen, an die Luft setzen, jemandem die kalte Schulter zeigen, eine Abfuhr erteilen;
Distanz/Abstand wahren, einschüchternd wirken.

Angst
sich fürchten, ängstigen, erschrecken, gruseln, quälen, sorgen, grausen;
zittern, zagen, schlottern, zusammenfahren, zusammenzucken;
einen Schrecken bekommen, einen Schock erleiden, die Nerven verlieren, zur Salzsäule erstarren, sich Gedanken machen, Manschetten haben, Gespenster sehen, schwarz sehen, sich Kummer machen, vor Schreck die Luft anhalten, Blut schwitzen, wie Espenlaub zittern;
erschauern, zurückschrecken, in Panik geraten, panisch sein, panisch reagieren;
sich verstört, unruhig, ängstlich, zaghaft, mutlos, feige, furchtsam, besorgt, angsterfüllt, entsetzt, zittrig, schreckhaft, verängstigt, verzagt, übervorsichtig, kopflos *fühlen*;
Angst vorm Fliegen, Höhenangst, Klaustrophobie, Platzangst, Angst in geschlossenen Räumen, Angst vor Krebs/Krankheit/Alter/Tod, Angst vor Menschen/Hunden/Spinnen/etc., Angst, dass etwas

Schlimmes passiert, Angst, zu versagen, Angst, abgelehnt zu werden, Angst, die Kontrolle zu verlieren, Existenzangst *haben*;
jemandem Angst machen, etwas Schlimmes einreden, jemanden in Panik versetzen, jemanden ängstigen, erschrecken.

Ärger, Aggression und Wut
aggressiv sein;
jemanden attackieren, bombadieren, unter Beschuss nehmen, zu Leibe gehen, packen, überfallen, aufbringen, reizen, ärgern;
auf jemanden losgehen, losschlagen, einschlagen;
handgreiflich werden;
verstimmt, aufgebracht, verdrossen, erzürnt, irritiert, erregt, verärgert, entnervt, böse *sein*;
aufbrausen, hochgehen, auf die Palme gehen, in Rage geraten, wild werden, aus der Haut fahren, die Wände hochgehen, zu viel kriegen, es satt haben, es leid sein, genug haben, sieden, schäumen, kochen, aus dem Häuschen geraten, in Harnisch geraten, rot sehen, sich hineinsteigern; es übel nehmen, es krumm nehmen, einschnappen, sich fuchsen, sich ärgern, sich erhitzen, etwas in den falschen Hals kriegen.

Aufregung
sich aufgeregt, erregt, erbittert, verärgert, beängstigt, beunruhigt, erschreckt, unsicher *fühlen*;
Lampenfieber haben, in Wallung geraten, Kopf stehen, sich entrüsten, Aufregung verursachen, Ärgernis erregen, Staub aufwirbeln, Aufsehen erregen;
es unmöglich, bodenlos, skandalös, unerhört, happig, nicht zu glauben, eine Zumutung, eine Unverschämtheit *finden*.

Einsamkeit
sich einsam, allein, verlassen, abgeschnitten, abgetrennt, isoliert, ohne Kontakt, ausgestoßen, ohne Freunde, mutterseelenallein, ohne Ansprache, entwurzelt, ungeliebt, einsiedlerisch, distanziert, schüchtern, eigenbrötlerisch, getrennt *fühlen;*
sich absondern, zurückhalten, abseits halten, im Hintergrund halten, verborgen halten, verkriechen, abkapseln, verschließen, entziehen, einspinnen, von anderen fern halten;

Menschen scheuen, sich in sein Schneckenhaus verkriechen, nicht aus dem Bau gehen, ungesellig leben, Distanz halten, nicht dazugehören.

Eitelkeit
eitel, eingebildet, selbstherrlich, selbstgefällig, überheblich, anmaßend, arrogant, hochmütig, affektiert, aufgeblasen, wichtigtuerisch, großspurig *sein*.

Ekel
es abstoßend, Ekel erregend, widerwärtig, abscheulich, grässlich, widerlich *finden*;
sich abgestoßen, angewidert, angeekelt *fühlen*;
zum Hals heraushängen, gegen den Strich gehen.

Empfindlichkeit
sich empfindlich, verletzlich, verletzbar, verwundbar, dünnhäutig, zimperlich, wehleidig, rührselig, mimosenhaft, zart besaitet, überempfindlich *fühlen*;
leicht beleidigt, eine Mimose, ein Nervenbündel *sein*.

Hilflosigkeit
sich hilflos, wehrlos, schutzlos, schwach, kraftlos, unbeschützt, unselbständig, schutzbedürftig, abhängig, ratlos, ausgeliefert, verloren, vernachlässigt, hoffnungslos, aufgeschmissen, festgefahren, in einer Sackgasse, in Bedrängnis, in Verlegenheit, in der Klemme, auf dem Trockenen *fühlen*;
nicht weiter wissen, keinen Rat wissen, mit seinem Latein am Ende sein.

Scham
sich schämen;
sich peinlich berührt, beschämt, blamiert, bloßgestellt, verlegen, unsicher, befangen, gedemütigt, erniedrigt, zerknirscht *fühlen*.

Schuld
sich schuldig, verantwortlich, zuständig, betroffen *fühlen*;
ein schlechtes Gewissen, Schuld *haben*; sich verurteilen.

Selbstwertgefühl
sich herabsetzen, herabwürdigen, erniedrigen, demoralisieren, beugen, ducken, klein machen;
sich schlecht behandelt, gekränkt, beleidigt, beschimpft, herabgewürdigt, beschämt, verschmäht, unterdrückt, unwert, unwichtig, erniedrigt, wie der letzte Dreck *fühlen*.

Spott
sich verspottet, veräppelt, lächerlich gemacht, auf den Arm genommen, zum Narren gehalten, auf die Schippe genommen *fühlen*;
spöttisch, anzüglich, ironisch, zynisch, beißend, bissig, höhnisch, scharf, verletzend, schneidend *sein*;
jemanden aufziehen, hochnehmen, anpflaumen, auf den Arm nehmen, an der Nase herumführen, einen Streich spielen, zum Narren halten, auf die Schippe nehmen, belächeln, veralbern, veräppeln.

Trauer und Kummer
sich grämen, quälen, sorgen;
trauern, leiden, klagen;
Kummer, Sorgen haben, nicht darüber hinwegkommen;
sich bedrückt, bekümmert, unglücklich, depressiv, trübsinnig, schwermütig, melancholisch, verdrossen *fühlen*.

Verlegenheit
sich verlegen, verwirrt, betreten, schuldbewusst, verschüchtert, eingeschüchtert, beschämt, blamiert, klein, peinlich berührt, scheu, zaghaft, schüchtern, befangen, gehemmt, ängstlich, unsicher, unfrei, verkrampft, verklemmt, hilflos, ratlos, gehemmt *fühlen*;
Lampenfieber, Minderwertigkeitskomplexe, Hemmungen, zwei linke Hände, Komplexe, Bammel *haben*.

Zurückhaltung
sich zurückhalten, nicht entschließen können, treiben lassen;
zögern, zaudern, nicht wissen, abwarten, auf der Stelle treten, offen lassen, Bedenken haben, auf halbem Wege stehen bleiben, nicht wissen, was man will;
sich unentschlossen, unschlüssig, skeptisch *fühlen*.

Anhang 2

Eine Auswahl an häufiger vorkommenden Blütenessenzen, Obst, Gemüsen, Getreiden, Bäumen, Edelsteinen, Farben, Tieren und deren Heilwirkungen

Vorbemerkung, Literatur- und Anwendungsempfehlungen

Weltweit werden inzwischen Tausende verschiedener Blütenessenzen hergestellt. Wir haben uns im Anhang auf die geläufigsten Pflanzen beschränkt, deren Namen und Aussehen vielen Menschen in Europa vertraut sind. Die Beschreibungen zu den Essenzen sind sehr verkürzt wiedergegeben. Bei Interesse empfehlen wir in jedem Fall, die unter den jeweiligen Adressen angeführte Original-Literatur (die dann auch noch sehr viel mehr Essenzen und deren ausführlichere Beschreibungen enthält) hinzuzuziehen!

Wenn Sie neugierig geworden sind und auch Pflanzen finden möchten, deren Namen Sie nicht kennen, blättern Sie doch in der **Illustrierten Enzyklopädie der Blütenessenzen** mit über 750 Blüten und Abbildungen. Herausgeber: *Dirk Albrodt*, Edition Tirta, Verlag Peter Rump, Bielefeld. (Die Essenzen sind alphabetisch geordnet, auch mit Angabe der deutschen Pflanzennamen.)

Noch mehr Essenzen (über 1000) finden Sie im **Handbuch Blüten-Essenzen** von *Hans Finck*, Scherz Verlag (enthält auch Meeres- und Baumessenzen. Nach Herstellern geordnet. Auch mit Register der deutschen Pflanzennamen).

Weiterhin könnten Sie fündig werden in **Die Enzyklopädie der Blütenessenzen** von *Amanda Cochrane u. Clare G. Harvey*, Aquamarin Verlag. (Außer Blüten-, auch Edelstein- und Meeresessenzen. Nach Herstellern geordnet, leider ohne Abbildungen und ohne Register der *deutschen* Pflanzennamen.)

Das große Lexikon der Heilsteine, Düfte und Kräuter in der Edition Methusalem enthält eine große Auswahl von Heilsteinen (mit Fotos und Anwendungshinweisen).

Wenn Ihr Interesse an der *Wirkungsweise* von Blüten- und

Edelsteinessenzen noch tiefer geht, empfehlen wir Ihnen die Bücher von GURUDAS im Verlag Gesundheit und Entwicklung, Schaffhausen (z.B. »Heilung durch die Schwingung der Blütenessenzen« oder »Heilung durch die Schwingung der Edelsteinelixiere«).

Alle Hersteller führen einen jeweils aktuellen Katalog mit Kurzbeschreibungen ihrer Mittel. Falls Sie einen solchen Katalog bestellen möchten, legen Sie doch bitte Porto in Form von Briefmarken oder als internationalen Antwortschein bei (in Postämtern erhältlich).

Sollte beim Realighting® eine der im Anhang aufgelisteten Pflanzen etc. auftauchen, können Sie die Essenz beim jeweils angegebenen Hersteller als Anwendungsflasche (nur bei wenigen Herstellern, wie z.B. Irisflora, oder in Apotheken möglich) oder als Vorratsflasche (stockbottle) bestellen. Eine Vorratsflasche ist eine Flasche, aus der die Anwendungs- oder Einnahmeflaschen hergestellt werden, meist indem man 1 Tropfen auf je 10ml Alkohol/Wasser-Mischung gibt und verschüttelt. Man kann bis zu 5 verschiedene Essenzen in einer Flasche mischen.

Im Allgemeinen nimmt man 4-mal täglich 4 Tropfen aus der Einnahmeflasche unter die Zunge und lässt sie etwas wirken, ehe man schluckt. Da man Blütenessenzen nicht überdosieren kann, können Sie auch so oft davon nehmen, wie Ihnen zumute ist. Wenn Sie die Einnahme zu vergessen beginnen, können Sie damit aufhören. Die Essenzen lassen sich auch äußerlich anwenden, entweder auf den Chakren oder direkt auf Stellen, an denen die Haut sehr zart ist (z.B. Ellenbogenbeuge oder hinter den Ohrläppchen), oder indem man sie dem Badewasser zusetzt.

Die *Bach-Blüten* (BB) oder auch *Healing Herbs* (das sind ebenfalls die traditionellen Blütenessenzen nach *Dr. Bach*, allerdings von einem anderen englischen Hersteller) werden inzwischen von vielen Apotheken geführt, einige haben auch die »kalifornischen« *FES*-Essenzen oder andere. Bei *Yggdrasil*® (Adresse unten) können Sie z.B. auch in Deutschland hergestellte Essenzen nach *Dr. Bach* bekommen. Nahezu alle ausländischen Essenzen sind durch die am Ende der Adressliste angegebenen Firmen zu beziehen.

In den meisten der empfohlenen Bücher steht auch etwas über die Herstellungsmethode, sodass Sie eventuell auch Ihre eigenen Essenzen nach Bedarf selbst produzieren können.

Zur Erinnerung: Vorrang vor den anschließenden Beschreibungen der Heilwirkungen hat, was Sie selbst mit den beim Realighting® auftauchenden Pflanzen etc. erleben. Im Allgemeinen reicht das Tanken dieser Qualität während der Visualisierung vollkommen aus. Sollten Sie das Bedürfnis haben, auch »stofflich« mit der Heilwirkung umzugehen, die Essenz aber nicht zu bekommen sein, dann seien Sie kreativ: Stellen Sie sich einen entsprechenden Blumenstrauß ins Zimmer, wenn möglich essen Sie etwas von der betreffenden Pflanze oder bereiten einen Tee (natürlich nur, wenn es sich um ungiftige Pflanzen handelt), malen Sie ein Bild von dem, was erschienen ist, und hängen Sie es sichtbar auf, besorgen Sie sich ein diesbezügliches Duftöl (und benutzen Sie es, z.B. auch in Sahne oder Honig verrührt als Badezusatz), umgeben Sie sich mit den jeweiligen Farben, z.B. über die Kleidung – Ihrer Phantasie sind keine Grenzen gesetzt!

Abkürzungen und Herstelleradressen der im Anhang aufgeführten Essenzen:[1]

ABF

The Australian Bush Flower Essences
Ian White
45 Booralie Rd., Terrey Hills, N.S.W. 2084, Australia
Tel.: 0061-2-9450-1388, Fax: 0061-2-9450-2866
E-mail: info@ausflowers.com.au
Internet: www.ausflowers.com.au

Literatur: White, Ian: *Australische Bush-Blütenessenzen*, Laredo Verlag, Chieming 1994.

AFP

Alaskan Flower Essence Project
Steve Johnson
P.O.Box 1369
Homer, Alaska 99603, USA
Tel.: 001-907-235-2188, Fax: 001-907-235-2777
E-mail: afep@alaska.net

Literatur: Johnson, Steve: *Alaska Blütenessenzen.* Verlag Gesundheit und Entwicklung, Schaffhausen.

ALO
Aloha Flower Essences
Penny Medeiros
P.O.Box 2319, Kealakekua, Hawaii, 96750, USA
Tel./Fax: 001-808-328-2529 E-mail: penalo@bluehawaii.net
Literatur: Medeiros, Penny: *Aloha – die hawaiianischen Tropen-Blütenessenzen.* Laredo Verlag, Chieming 1997.

BAK
Blüten-Arbeitskreis e.V.
Verein zur Förderung pflanzlicher Hausmittel
Ginsterweg 3; 31595 Steyerberg
Tel.: 05764-1659, Fax: 05764-2578
Literatur: Broschüre von Peter Ekl: *Ausführliche Beschreibungen* (von 30 der 80 Essenzen), 1995, und Peter Ekl: *Blütentherapie und Naturerfahrung*, Edition Tirta, Peter Rump Verlag, 1997.

BB
Bach Flower Remedies
(Da die originalen Bach-Blüten in sehr vielen Apotheken erhältlich sind [auch als Einnahmeflaschen], wird hier auf die Angabe

---

1 Die Herstellungsmethoden und die Herangehensweise der verschiedenen Anbieter variieren aufgrund ihres persönlichen und spirituellen Hintergrundes. Viele Essenzen werden von in möglichst unberührter Natur wachsenden Pflanzen hergestellt. Andere gedeihen in besonders angelegten Gärten und entstehen somit aus der Zusammenarbeit des Menschen mit der Natur (wie z.B. bei *Perelandra* und zum Teil auch bei *Light Expression Essences*). Die meisten Hersteller finden die Herstellungsmethode und die Indikation der Essenzen ganz intuitiv, während andere auch auf überliefertes Wissen zurückgreifen. So basieren z.B. *Master's Flower Essences*™ auf Deutungen des Weisheitslehrers Paramhansa Yogananda. Die *Petite-Fleur-Essenzen* werden anders als andere Essenzen hergestellt, z.B. durch Alkoholextraktion und Destillation, es wird hier vor allem äußerliche Anwendung (z.B. ein Tropfen auf das Herzchakra oder einen bestimmten Punkt am Ohr) empfohlen.

der englischen Bezugsadresse zugunsten des Ausbildungszentrums verzichtet.)

The Bach Centre
Mount Vernon, Sotwell, Wallingford, GB-Oxon OX10 OPZ
Tel.: 0044-1491-834678

Literatur: Bach, Edward: *Gesammelte Werke*, Grafing 1987. Bach, Edward, Petersen, Jens-Erik: *Heile dich selbst mit den Bach-Blüten*, München 1988. Scheffer, Mechthild: *Bach-Blüten-Therapie – Theorie und Praxis*, München 1991. Und viele andere Autoren!

BFE

Bailey Flower Essences
7/8 Nelson Road; Ilkley, West Yorkshire; LS29 8HN, England
Tel.: 0044-1943-432012, Fax: 0044-1943-432011
E-mail: baileyfe@aol.com

Literatur: Bailey, Arthur: *The Bailey Flower Essences Handbook*, Ilkley 1994.

DA

Desert Alchemy
Cynthia Athina Kemp Scherer
P.O.Box 44189; Tuscon, AZ 85733, USA
Tel.: 001-520-325-1545, Fax: 001-520-325-8405
E-mail: info@desert-alchemy.com
Internet: www.desert-alchemy.com

Literatur: Scherer, Cynthia Athina Kemp: *The Alchemy of the Desert*. Tucson, Arizona 1997.

FB

Findhorn Flower Essences
Marion Leigh, »Wellspring«
31 The Park, Findhorn Bay, Forres, GB-Moray,
Scotland IV36 0TY,
Tel.: 0044-1309-690129, Fax: 0044-1309-691300

Literatur: Leigh, Marion: *Findhorn Flower Essences*, Findhorn Press.

FES

The Flower Essence Service
P.O.Box 1769; Nevada City, CA 95959, USA
Tel.: 001-530-265-0258, Fax: 001-530-265-6467

E-mail: info@floweressence.com
Internet: http://www.floweressence.com
Dies ist die Bestelladresse für die Essenzen.

Forschung, Ausbildung[2], Publikationen und ein Kommunikations-Netzwerk für praktizierende Blütenessenz-Therapeuten bietet die
Flower Essence Society
Patricia Kaminski & Richard A. Katz
P.O.Box 459, Nevada City, CA 95959, USA
Tel.: 001-530-265-9163, Fax: 001-530-265-0584
E-mail: info@flowersociety.org
Internet: www.flowersociety.org

Literatur: Katz, Richard & Kaminski, Patricia: *Handbuch der Kalifornischen und Englischen Blütenessenzen*, AT Verlag, Aarau/Schweiz 1996. Frankenberger, Anette: *Das große Buch der Blütenessenzen*, München 1995 (enthält auch die Bach-Blüten). Helm, Beate: *Die Heilkräfte der Kalifornischen Blütenessenzen*, Grafing 1990.

GMT

Green Man Tree Essences
Simon Lilly
2 Kerswell Cottages; Exminster; Exeter; GB-Devon EX6 8AY, England
Tel.: 0044-1392-832005
E-mail: info@greenmantrees.demon.co.uk

Literaturankündigung: Lilly, Simon: *Tree: Essence, Spirit and Teacher.* Capall Bann (vorauss. Ende 1998).

HAR

Harebell Remedies
Ellie Web
P.O.Box 7536, Dumfries DG2 7DQ, S.W. Scotland
Tel./Fax: 0044-1387-261962

Empfohlene Literatur: R. Titchiner, S. Monk & P. Staines: *New Vibrational Flower Essences of Britain and Ireland.* Waterlily Books, 1997.

---

2 Die meisten Hersteller (nicht nur FES) bieten ebenfalls Seminare etc. an.

HB

Horus Blütenessenzen
Dirk Albrodt
Wittener Str. 80a, 42279 Wuppertal
Tel.: 0202-649709, Fax: 0202-663120
Literatur: Albrodt, Dirk & Glowsky, Brigitte: *Blütenessenzen in der Schwangerschaft.* Kösel, München 1998. Albrodt, Dirk: *Die Horus Blütenessenzen,* Broschüre. Albrodt, Dirk (Hrsg.): *Illustrierte Enzyklopädie* ... (s.o.), und: *Illustrierte Enzyklopädie der einheimischen Blütenessenzen.* Edition Tirta 1998.

IF

IrisFlora Blütenessenzen
Anne Rensing
54649 Mauel, Dorfstr. 18
Tel.: 06554-1435, Fax: 06554-1522
E-mail: irisflora@t-online.de
Mitglied der »International Flower Essence Association«.

LEE

Light Expression Essences
Sharon & Wayne McEachern
P.O.Box 71, Woodstock, Virginia 22664, USA
Tel.: 001-540-459-2061
E-mail: Essences@LightExpression.com
Internet: http://www.LightExpression.com
Literatur: Catalog & Guidebook, 1997/98.

MFE

Master's Flower Essences
Lila Devi
14618 Tyler Foote Road; Nevada City, CA 95959, USA
Tel.: 001-530 478-7655, Fax: 001-530 478-7652
Literatur: Devi, Lila: *Das Handbuch der Blütenessenz-Heilung.* Heyne 1998.

PE

Pacific Flower and Sea Essences
Box 8317; Victoria, B.C.; V8W 3R9, Kanada

Tel.: 001-250-384-5560, Fax: 001-250-595-7700
E-mail: pacess@islandnet.com
Internet: www.energymedicine.bc.ca
Literatur: Pettitt, Sabina: *Energy Medicine – Pacific Flower and Sea Essences*, Victoria/Kanada 1993.

PER

Perelandra Center for Nature Research
P.O.Box 3603; Warrenton; Virginia 20188, USA
Tel.: 001-540-937-2153, Fax: 001-540-937-3360
E-mail: email@perelandra-ltd.com
Internet: http://www.perelandra-ltd.com
Literatur: Wright, Machaelle Small: *Perelandra-Blütenessenzen*, München 1990.

PFE

Petite-Fleur-Essences
Herbal Health Inc., Dr. Judy Griffin,
8524 Whispering Creek Trail, Fort Worth; Texas 76134, USA
Tel.: 001-817-293-5410, Fax: 001-817-293-3213
Literatur: Griffin, Judy: *Remember me to the Roses*, Fort Worth/Texas 1996.

PHI

Korte PHI Essenzen®
Hauptstr. 9, 78267 Aach
Tel.: 07774-7004, Fax: 07774-7009
E-mail: Korte.Phi@t-online.de
Internet: www.floweracademy.com
Literatur: Korte, Andreas & Hofmann, Antje und Helmut: *Orchideen und ihre heilenden Energien – Lichtboten vom Amazonas*. Freiburg 1992. (Mit Farbfotokarten.) Korte, A. & Huber, K.: *Die Essenz der Delphine und Wale*. Schaffhausen 1998. Alber-Klein, C. & Hornberger, R.: *Bach-Blüten und neue Blütenessenzen. Der große GU Ratgeber*, München 1997. (Zum Buch gibt es alle 38 neuen Essenzen im Set oder einzeln zu kaufen.)

WE

Wild Earth

Daniel Mapel
P.O. Box 407; Charlottesville VA 22902
Tel.: 001-804-977-4615
E-mail: daniel@animalessence.com,
Internet: http://www.animalessence.com

Y

Yggdrasil® – die deutschen Blütenessenzen
Ute Janson (ehem. Höfler)
Talpromenade 2b, 90765 Fürth;
Tel.: 0911-763547, Fax: 0911-7659273

Bezugsquellen für Blütenessenzen aus aller Welt

Informationen und Bezugsbedingungen über diverse Blütenessenzen aus aller Welt erhalten Sie in **Deutschland** bei:
Beatrice Mark DEVA
Häberlstr. 20, 80337 München
Tel./Fax 089-533337

Laredo-Verlag
Sonnenstr. 1, 83339 Chieming;
Tel.: 08664-1001, Fax: 08664-1065

Milagra Blütenessenzen GmbH
Postfach 1411, D-79705 Bad Säckingen
Tel. (gratis): 00800 27 72 51 27, Fax: 0034 95 668 78 28
E-mail: milagra@retemail.es

Anwendungs- und Vorratsflaschen von *Bach-Blüten-, Healing-Herbs-, FES-, Austr. Bush-(ABF) und Aloha-Essenzen* gibt es in vielen Apotheken, z.B. bei der
Schützen Apotheke München
Bayerstr. 4 (Homöopat. Abt.), 80335 München,
Tel.: 089-557663 (Direktwahl Homöopat. Abt.),
Fax: 089-557227
(Verschickung evtl. auf Anfrage möglich)

In *Österreich* kann man Blütenessenzen aus aller Welt bekommen bei:
Naturwaren Brigitte Stocker
Gutenberggasse 17, A-1070 Wien;
Tel./Fax: 0043-1-5230330

St. Berthold-Apotheke u. Drogerie
St. Berthold-Allee 23, A-4451 Garsten/Steyr.
Tel.: 0043-7252-531310, Fax: 0043-7252-531316

In der *Schweiz*:
Chrüter-Drogerie Egger
Direktimport, Vertrieb, Beratung, Seminare
Unterstadt 28, CH-8202 Schaffhausen;
Tel.: 0041-52-624 50 30, Fax: 0041-52-624 64 57

Star Flower
Rita Akintola
Dorfplatz 4, CH-4654 Lostorf;
Tel.: 0041-62-2982024, Fax: 0041-62-2982881

Milagra Blütenessenzen GmbH
Baumgartenstrasse 43, Postfach 747
CH-2540 Grenchen/Granges
Tel. (gratis): 00800 27 72 5127
E-mail: milagra@retemail.es

Die Heilkraft oder Bedeutung von Pflanzenessenzen (Blüten, Bäume[3], Obst, Gemüse und Getreide)

(Eine Auswahl)[4]

+ fördert, unterstützt folgende Seinsqualitäten und neue Lebensmöglichkeiten: ...
o hilft bei der Auflösung von folgenden Lebensaspekten bzw. »Mustern«: ...

Ackersenf IF, Y **(Mustard)** BB
+ Erleichterung, Sinnfindung, Wandlung, Trost, Freude
o Traurigkeit und Schwermut ohne erkennbare Ursache, Verzweiflung

Agave DA[5]
+ Verantwortung für das eigene Niveau an Meisterschaft übernehmen, innere Schönheit im Alltag leben, sich zu den eigenen Fähigkeiten bekennen. Sinnvoll für Spätentwickler
o Zurückhaltung von Talenten und Fähigkeiten aus Furcht

Ahorn (Bergahorn) IF **(Sycamore)** FB, GMT **Feldahorn (Field Maple)** GMT
+ selbstsicher und mutig seine Bedürfnisse und Ideen verwirklichen. Neue Energie, Mut. Offenheit und Flexibilität bei Stress. Verwandlung von Reue in Verstehen und Zufriedenheit

---

3 siehe auch das Buch von *Peter Salocher* und *Dieter Buchser:* Enertree. Heilung durch die Energie der Bäume. Knaur TB.

4 Die Auswahl basiert auf der Häufigkeit des Vorkommens beim REALIGHTING®. Es war mir auch nicht möglich, wirklich alle Hersteller bzw. alle Essenzen eines Herstellers aufzuführen. (Z.B. führt LEE auch Blüten-, Natur- und Edelsteinessenzen, für uns war im letzten Moment aber nur noch die Aufnahme der Tieressenzen realisierbar.) Auch die +- und o-Zuordnung war nicht bei allen Angaben möglich. Wenn Sie sich von einem bestimmten Hersteller angezogen fühlen, lassen Sie sich bitte seinen Katalog zuschicken (oder suchen den Hersteller und seine Essenzen in einem der zitierten Nachschlagewerke) - vielleicht finden Sie dort die Essenz, die Sie gerade brauchen.

5 © Cynthia Athina Kemp Scherer 1997.

o Befangenheit, Unzufriedenheit, Nervosität in einer stagnierenden Lebenssituation. Tiefe Erschöpfung und ausgelaugt sein. Herzschmerz und -schwere

Akelei (Columbine) AFP
+ Selbstwürdigung; Würdigen der eigenen einzigartigen und persönlichen Schönheit, ganz gleich, ob sie sich von anderen unterscheidet

Alpenveilchen BAK
+ in sich ruhende Selbständigkeit, Mut zum eigenen Weg, Individualität
o Angst vor Einsamkeit, die an der Entfaltung der eigenständigen Persönlichkeit hindert

Amaryllis PFE
+ Erhöhung der Schwingungen des Menschen, Klarheit über den zukünftigen Weg. Entfaltung natürlicher Intuition, Öffnung, Hervortreten des wahren Selbst
o Angst vor der Zukunft, »Nicht-sehen-Wollen«

Ananas (Pineapple) MFE
+ Selbstsicherheit; an die eigenen Fähigkeiten glauben; in der Mitte (zentriert) sein
o Unsicherheit, Selbstzweifel, Schüchternheit, berufliche Sorgen

Anemone (Anemone) PFE
+ Freude und Schwung im Leben, geschickter Umgang mit Kindern, Freizeitaktivitäten
o dem Glauben, nichts Gutes verdient zu haben; wenn man das Leben als beschwerlich und als Kampf erlebt

Apfelbaum IF, BAK, FB **(Apple)** MFE
+ Lebensfreude, Leichtigkeit, Gesundheit. Körperliches, seelisches, geistiges und soziales Wohlbefinden. Zentriertheit, innere Stärke, Ausrichtung auf den höheren, göttlichen Willen
o Müdigkeit, Trägheit, Durchhängen, Mangel an Selbstdisziplin und Selbstvertrauen. Verschleppung von Krankheit und schädigenden Lebensumständen

Arnika BAK, FES, IF
+ Heilung von Trauma und Verletzung, Wiederherstellung der Verbindung mit dem höheren Selbst
o Schock, Unfall, Verletzung

Aster, PFE **(Douglas Aster)** PE
+ unendliche Ausweitung bei gleichzeitigem Beibehalten der Mitte; Genießen der Erfahrungen des Lebens, voll und bewusst leben, Mut und Anpassungsfähigkeit, innere Kraft und äußere Sanftheit
o Loyalität durch Einschüchterung von anderen erzeugen wollen, Konzentrationsschwäche

Avocado MFE, ALO
+ Gedächtnis, Erinnerung. Verständnis von Lebens- und nächtlichen Träumen. Schnelles und klares Denken. Schöpferische Leistungen. Entspanntes Annehmen, Freude und gefühlvolles Wahrnehmen gegenüber dem Berührtwerden
o Vorbereitung auf schwierige Aufgaben, z.B. Prüfungen. Angst vor Berührung durch andere

Azalee (Azalea) PFE
+ kreative Phantasie, Ausgleich der Chakren; Gefühl persönlicher Macht und Stärke, Weisheit
o Menschen, die an Statistiken und Logik festkleben und linkshirnig denken. Finden von einfachen Lösungen für komplexe Situationen; zum Vorschein bringen von verborgenen Talenten

Bambus (Bamboo) PFE
+ innere Führung, Freude am Leben, Einsatz für soziale Projekte, Karriereplanung und Zielsetzung
o Menschen, die im Leben geführt oder an die Hand genommen werden wollen, die nicht wissen, was sie als Nächstes tun sollen

Banane (Banana) MFE, **(Mai'a)** ALO
+ Bescheidenheit und innere Ruhe und Ausgeglichenheit. Fähigkeit, andere zu verstehen. Wahre sexuelle Erfüllung

Baumwolle (Cotton) ALO
+ Schärfung der visuellen Wahrnehmung, bedrohlichen Situationen ins Auge sehen können
o Ängste und damit verbundener Stress

Begonie (Begonia) PFE
+ Vertrauen ins Leben, Angst als abenteuerliche Erfahrung annehmen, große Aufgaben übernehmen, loslassen
o starker Anspannung, Glauben an Einschränkungen

Beifuß HB, IF **(Mugwort)** FES
+ Öffnung für Unbewusstes und Intuition
o emotionale Ausbrüche, Hysterie, mangelnde Aufnahmefähigkeit, Dumpfheit

Binsen/Schilf (Erfahrung aus dem Realighting®)
+ Harmonie, im Einklang sein, Spaß haben
o Schamgefühle, Peinlichkeit, etwas unerträglich finden

Birke HB, **(Birch)** FB, **(Silver Birch)** GMT
+ Weisheit, Geduld, Herzlichkeit, Humor, Sicherheit, Geborgenheit, Ausrichtung auf das Lebensziel. Kontakt zum universellen Geist, Entwicklung einer spirituellen Sichtweise. **Silver Birch**: Schönheit u. innere Ruhe, Toleranz. Sich besser ausdrücken können
o Einsamkeit, Verlassenheit, Verwirrung, nicht mehr ein noch aus wissen. Verhaftung in hemmenden Denkmustern, Tagträumen. Unvermögen, aus Fehlern zu lernen

Birnbaum BAK, HB (Pear) GMT / siehe auch **Wildbirne**
+ innerer Frieden, in sich selbst ruhen, Zentrierung, Mütterlichkeit, Heiterkeit; Klarheit, Einfachheit, Vertrauen, Enthusiasmus
o Erregbarkeit, Panik, Angst, die Kontrolle zu verlieren, Grübeln und ständige Sorgen, Stress im Nervensystem

Blaustern, **Scilla (Spring Squill)** BFE
+ Durchbruch zu neuer Freiheit; weitere und tiefere Sicht der wahren Natur der Realität, nachdem andere, größere Blockaden (z.B. des Herzzentrums) gelöst wurden
o Begrenzung durch eigene Ideen und Konzepte und von außen (Familie, Freunde ...); verletzliches Selbstvertrauen; sich allein fühlen beim »Flug in die Freiheit«

Blumenkohl (Cauliflower) PER[6]
+ Wirkt während des Geburtsprozesses stabilisierend und ausgleichend auf das Kind. Stabilisiert das Gleichgewicht von Körper und Seele bei Erwachsenen

Borretsch HB, IF **(Borage)** FES
+ Erleichterung, Trost, Zuversicht, Schicksalsschläge verarbeiten
o Niedergeschlagenheit, Kummer, Verlust, Trauer

Bougainvillea (orange/pink) ALO, HB, PFE
+ Bewusstheit für den Zauber, die Schönheit und die Großartigkeit des Lebens; mystische und höhere Inspiration; Enthusiasmus und Gefühl für Sinn, denken und fühlen können wie ein Kind, Kontakt zum inneren Kind
o überstarke Vernunftbetontheit, Hemmungen und Ängste, Schuldgefühle und Angst vor Strafe

Braunelle, kleine BAK, HB, IF, Y **(Selfheal)** FES
+ Selbstliebe, Selbstannahme, Aktivierung des Selbstheilungspotentials
o Selbstzweifel, Ansammlung seelischer, emotionaler und körperlicher Schlacken, Infektionsanfälligkeit

Brennnessel BAK **(Nettle)** GMT, HAR
+ sich geliebt und wertvoll fühlen, wach sein, bringt Ruhe in den Emotional- und den feinstofflichen Körper. Auch: »Heiliger Zorn«, der hilft, wieder Kontakt mit anderen aufzunehmen. Sich in Beziehungen angemessen Raum verschaffen können. Anpassung an neue Familiensituationen (z.B. Adoption)
o das Gefühl, etwas geben zu müssen, etwas aushalten zu müssen, Übernehmen der Gefühle anderer, alle Probleme mit Geschwistern und Verwandten, sich vernachlässigt fühlen. Zerbrechen von Familienstrukturen (z.B. Scheidung). Geschwisterrivalitäten

---

[6] Der Abdruck der Beschreibungen der Perelandra Garten Essenzen aus dem *Perelandra Rose and Garden Essences* Guide, © Perelandra Ltd., 1997, wurde uns in der Übersetzung von Hans Finck genehmigt.

Broccoli PER
+ das Gleichgewicht der Kräfte, das erhalten werden muss, wenn man sich unter Belagerung durch äußere Einflüsse fühlt. Stabilisiert die Einheit von Körper und Seele, sodass der Betroffene nicht »zumacht«, sich nicht distanziert oder zerfließt

Brombeere BAK, HB, IF **(Blackberry)** FES, MFE
+ Übersicht, Erkennen des Wesentlichen, Problemlösung, entschlossenes Handeln. Optimismus
o Unkonzentriertheit, Vergesslichkeit, gedankliches Durcheinander. Skepsis und Negativität

Buche

Blutbuche Y **(Beech)** BB
+ Toleranz und Einfühlungsvermögen
o Vorurteile und Kritiksucht

Buche/Hainbuche Y **(Hornbeam)** BB
+ Lebenslust, Schwung, Vitalität, Stärkung für Leib und Seele
o Lustlosigkeit, Müdigkeit im Alltag, Langeweile

Buschwindröschen (Wood Anemone) BFE
+ Befreiung von alten Mustern, Balance in der Gegenwart, Lösung alter Probleme
o Schwierigkeiten sehr alten Ursprungs – genetisch und karmisch

Butterblume (Buttercup) BFE, FES
+ Selbstwert, Selbstachtung, Talent, Vertrauen, Freundlichkeit, Wärme
o Gefühle von Wertlosigkeit und Unwichtigkeit, Vorurteile, Skeptizismus

Calla PHI, **(Calla Lilly)** FES
+ Vereinigung von männlichem und weiblichem Potential. Sexuelle Selbstannahme
o Verwirrung oder Zwiespalt in der sexuellen Identität

Chrysantheme (Chrysanthemum) FES, **(Garden Mum)** PFE
+ Verschiebung der Identifikation von der eigenen Persönlichkeit

zu einer höheren geistigen Identität, Liebe zur Menschheit, Mitgefühl, Akzeptanz
o Angst vor dem Altern und der Sterblichkeit; Überidentifikation mit Jugendlichkeit, Midlife-Crisis, Bitterkeit, Suche nach Sündenböcken

Clematis (Waldrebe) BB, BAK, IF, Y
+ Wachheit, Konzentration, Erdung, Zentriertheit
o geistige Abwesenheit, Konzentrationsschwäche, Tagträumerei

Dill FES
+ Flexibilität, Reaktionsfähigkeit, Ruhe bei vielen gleichzeitig auf einen einströmenden Sinnesreizen
o Übernervosität, leichte Erregbarkeit, Überforderung durch zu viele Reize auf einmal, Angst vor dem Neuem

Distel (Kratzdistel) HB, **(Ackerkratzdistel)** Y **(Thistle)** FB, HAR
+ die Behauptung des eigenen Standpunktes in Gruppen, Anpassung ohne Selbstverleugnung, Gemeinsamkeit, Gemeinschaftssinn, sich einbringen; die Bereitschaft, sich trotz widriger Umstände zu entwickeln. Tapferkeit, Integrität, Selbstrespekt
o Anpassungsprobleme in Gruppenprozessen, Aggressivität als Mittel der Selbstbehauptung, der Suche nach der besten Lösung für alle. Angst, Bedrohung, Machtlosigkeit, Kampf-oder-Flucht-Syndrom

Doldiger Milchstern HB, IF, Y **(Star of Bethlehem)** BB
+ Erlösung und Freude, Trost, Regeneration, Hoffnung
o körperlicher oder seelischer Schock, Trauma, Verletzung, Schreck, Bedrückung

Eberesche Y **(Rowan)** FB, GMT
+ Vergebung, Versöhnung, tiefen Einblick in das Universum erhalten, Heilung alter Wunden, Handlungsfähigkeit
o Groll, Selbstmitleid, Scham, Abwehrhaltung, selbstzerstörerisches Verhalten, nicht nachgeben wollen

Efeu BAK **(Ivy)** GMT
+ Freisetzung der wahren Gefühle, Erkennen eigener Bedürfnisse, Stärkung des Immunsystems
o verborgene Ängste. Zögern und Festhalten an alten Zuständen und leidbringenden, unproduktiven Verhaltensweisen

Eibe (Yew) BFE, GMT
+ Biegsamkeit, Anpassungsfähigkeit, Flexibilität. Schutz, Erhöhung der Energie
o Empfindlichkeit, Zerbrechlichkeit, sich in das Unvermeidliche fügen, Auflösung alter Muster

Eiche Y (Oak) BB
+ heitere Ausdauer, Grenzen eingestehen, ökonomisches Haushalten mit den Körperkräften, Einsicht, Nachsicht, Weichheit
o unermüdliches Kämpfertum, wenn man niemals aufgeben kann. Überschätzung der eigenen Kraft und ständige Selbstüberforderung, selbst wenn es aussichtslos ist

Eisenhut (Monkshood) AFP, BFE
+ Furchtlosigkeit, Verbesserung zwischenmenschlicher Beziehungen durch stärkere Identifikation mit dem Höheren Selbst, Leben in der Gegenwart, Einsicht, Weisheit, Vorurteilslosigkeit
o Schwierigkeiten, die schon sehr lange bestehen, deren Ursachen weit in der Vergangenheit liegen

Enzian Y (Gentian) BB
+ Vertrauen, Selbstsicherheit, Ausdauer, Optimismus
o Versagensängste, Entmutigung, destruktive Gedankenmuster, Erwartung von Misserfolg

Erdbeere BAK, IF
+ Würde, Selbstvertrauen, Selbstwertgefühl, Selbstbewusstsein, Zentriertheit, Erdung
o Übersensibilität, Schuldgefühle, Selbstvorwürfe, Unterordnung, Erniedrigung

Erle (Alder) AFP, GMT
+ klare Wahrnehmung auf allen Ebenen, Erkennen der eigenen höchsten Wahrheit in jeder Lebenserfahrung, Entspannung, Erhöhung der Lebensenergie
o wirkliches Verständnis von aufgenommenen Informationen, Reduzierung von Stress und Angst

Esche (Ash) GMT
+ Stärke. Harmonie mit der Umgebung. Sich eingestimmt fühlen. Flexibilität und Sicherheit

Espe/Zitterpappel Y (Aspen) BB **(Poplar)** PE
+ Furchtlosigkeit, Abbau innerer Blockaden, Neugier, Lebensfreude, Sicherheit, Vertrauen in sich selbst. **Poplar**: Kontakt mit dem Geist, heilende Energien übertragen können, richtige Wahl treffen
o vage und unerklärliche Ängste und Vorahnungen

Eukalyptus (Macrocarpa und Silver Princess) ABF
+ Enthusiasmus, innere Stärke, Durchhaltevermögen. Motivation, Zielgerichtetheit, Lebenszweck
o Ausgebranntsein, Erschöpfung. Ziellosigkeit, Verzagtheit

Farn (Erfahrung aus dem Realighting®)
+ sich wohl, geborgen und erfrischt fühlen
o sich von etwas abbringen lassen, sich ablenken lassen

Feige (Fig) MFE
+ Beweglichkeit, Flexibilität des Willens
o Strenge gegen sich selbst, starres Selbstbild

Fenchel (Bronze Fennel) PFE
+ Überwindung von Beschränktheit in den Vorstellungs- und Planungszentren des Gehirns; Schaffung einer größeren Wirklichkeit durch Visualisation; mentale und mediale Fähigkeiten; Klarheit und Zielgerichtetheit

Fetthenne (Stonecrop) FB
+ innere Stille bewahren während der Widerstände vor einer Transformation. Transzendenz, Geduld, Selbstvertrauen, Zustand der Gnade
o Widerstand gegen Veränderung, Verhaftung in der Vergangenheit, Einsamkeit, Stagnation, Trotz

Fingerhut (Foxglove) AFP, BFE
+ Erfüllung in persönlichen Beziehungen; Mitgefühl und Empfindungsvermögen für andere, Freude und Vergnügen an der Sexualität und am Leben
o Probleme, die ihre Wurzeln im Herzen oder im emotionalen Bereich haben, Vereinfachung des Denkens, Überwindung von alten Gewohnheiten, Denkstrukturen und Überzeugungen

Fleißiges Lieschen (Impatiens) ALO
+ Toleranz und Akzeptanz für Situationen und Umstände außerhalb der eigenen Kontrolle
o Ungeduld

Flieder (Lilac) BFE, GMT, HAR, PE, PFE
+ Neubeginn, Erweiterung der Möglichkeiten, Erwachsenwerden, Befreiung der Persönlichkeit
o verkümmerte Entwicklung, die durch dominante Bezugspersonen verursacht wurde, Unterdrückung des freien Selbstausdrucks; Unflexibilität, Steifheit

Fliegenpilz PHI **(Fly Agaric)** GMT
+ das Gefühl von Freiheit und erweiterter Wahrnehmung; Klarheit und inneres Wissen, Entspannung, Frieden und sich glücklich fühlen

Forsythie (Forsythia) PE, HAR
+ Transformation alter Verhaltensmuster, Motivation, Regeneration. Bewusstheit, wie man Energie gewinnt bzw. verliert
o Selbstzerstörung

Frauenmantel IF
+ Kraft, etwas Neues in die Welt zu bringen und sich von Vergangenem zu lösen, Mitgefühl, Inspiration, Schwangerschaft, Verbindung zum Mutter-Archetyp
o Angst vor Veränderung und dem Neuen

Frauenschuh IF **(Lady's Slipper)** FES
+ Nervenstärke, Kraft, Heiterkeit, Erholung
o Überarbeitung, nervöse Erschöpfung, sich überfordert fühlen

Fuchsie IF (Fuchsia) FES
+ unbeschwerte Emotionalität, die wahren Gefühle ausdrücken können
o unterdrücken, vortäuschen und übersteigern von Gefühlen, psychosomatische Symptome

Gänseblümchen BAK, IF, Y (Daisy) FB, GMT
+ Unschuld, inmitten turbulenter Umgebung ruhig und zentriert bleiben, Leichtigkeit, Präsenz, Schutz, Genussfähigkeit, spielerisches Handeln, geistige Ordnung, Unterscheidungsvermögen, Klarheit im Denken
o Überwältigung, Angst vor Kontrollverlust, Ablenkung, Verwirrung, Gleichgültigkeit, launisches Verhalten, Überempfindlichkeit, Zerstreutheit, sich verzetteln, leichte Beeinflussbarkeit

Gardenie (Bush Gardenie) ABF
+ Leidenschaft, neues Interesse am Partner, verbesserte Kommunikation
o stagnierende Beziehungen, Unbewusstheit, Egoismus

Geranie PHI (Geranium) HAR
+ Freude und Frohsinn.
o traurige, freudlose und unglückliche Menschen, deren Leben zu wenig Farbe hat

Ginster

Besenginster IF (Scotch Broom) FES, (Broom) FB
+ Optimismus und Standfestigkeit, Hindernisse als Ansporn akzeptieren. Selbstausdruck, Entscheidungsfähigkeit. Geistige Klarheit, Konzentration, Leichtigkeit in der Kommunikation
o negative, düstere Weltsicht, Zynismus, fehlendes Vertrauen in sich selbst und in die Welt. Erinnerungsverlust, Verwirrung, Verblüffung, Mangel an Koordination

Stechginster Y (Gorse) BB
+ Hoffnung, Optimismus, Glaube an Besserung, Vertrauen in Hilfe, Leiden aufgeben können
o Selbstaufgabe, wenn man das Leben als Jammertal betrachtet und jede Hoffnung auf Heilung aufgegeben hat, Festhalten an einer Krankheit

Glockenblume (Wiesenglockenblume) BAK **(Harebell)** FB, HAR
+ Gefühl des Schutzes, inneres Wissen und Dankbarkeit um den Sinn der Existenz, spirituelles Heimatgefühl. Sich mit dem Geist der Fülle verbinden
o sich schutzlos, bedroht, verloren und heimatlos in der Welt fühlen, sich zu verletzlich und überwältigt durch die Umwelt fühlen. Armutsbewusstsein

Glyzinie, Blauregen (Wisteria) ABF
+ Freude an der Sexualität, Offenheit, Sanftheit
o Frigidität, sex. Hysterie, Macho-Verhalten, Angst vor Intimität

Goldregen (Laburnum) GMT
+ Entgiftung. Ausgewogene Lösung von Stress und Anspannung, Wachstum kreativer Potentiale, Optimismus, positive Einstellung und Ausdruck persönlicher Weisheit

Goldrute Y **(Goldenrod)** FES
+ ehrliche Selbstdarstellung, Gemeinschaftsfähigkeit, solidarisches und soziales Verhalten, Freundlichkeit, Vertrauen in das Leben, Lebenslust, Intimität
o unsoziales Verhalten, Streben nach Aufmerksamkeit um jeden Preis, Anerkennung brauchen

Granatapfel BAK **(Pomegranate)** FES
+ Bewusstwerdung und Stärkung weiblicher Identität, das Weibliche annehmen
o Verleugnung weiblicher Persönlichkeitsanteile, Identitätskrisen, innere Konflikte von Stärke und Weichheit

Gras (Erfahrung aus dem Realighting®)
+ Erholung, Ermunterung, Freude, Genießen, Geborgenheit, Sicherheit, Erdung, Wärme und Weichheit
o Enttäuschung, Zurückweisung, Neid, gereizt sein; Gefühl, nicht gut genug zu sein

Gurke (Cucumber) PER
+ stellt bei Depressionen das Gleichgewicht wieder her, schafft die lebenswichtige Rückverbindung zum Leben

Hafer (Erfahrung aus dem Realighting®)
+ das Gefühl von Angenommensein, Zärtlichkeit
o Schuldgefühle

Haselnuss (Hazel) GMT
+ Weisheit und innere Fähigkeiten; Stabilität und Fokussierung zur Integration nützlicher Informationen
o alle Arten von Studien

Heckenrose BAK, HB, IF, Y **(Wild Rose)** BB **(California Wild Rose)** FES
+ Begeisterungsfähigkeit, Lebensfreude, Motivation, Interesse an der Welt
o Apathie, Langeweile, Desinteresse, Orientierungslosigkeit, niedrige Lebensenergie

Heidekraut (Heather) BB
+ Zuhören, Einfühlungsvermögen, Beziehungsfähigkeit
o Egozentriertheit, übersteigerte Selbstbeobachtung, Gedanken kreisen nur um sich selbst und die eigenen Nöte, sich wie ein bedürftiges Kleinkind verhalten, schlecht allein sein können

Heidelbeere (Red Huckleberry) PE, **(Ohelo)** ALO
+ Regeneration, Unterscheidungsvermögen, spirituelle Weisheit, Introspektion, genährt sein. Reinigung von tiefen Ängsten, Dunkelheit und Isolation

Heidenelke BAK, IF
+ Freiheit der Gefühle, Gefühle klar empfinden und mitteilen können, sich frei, eigenständig und fähig fühlen
o Unterdrückung von sozial nicht angepassten Gefühlen (z.B. Wut), niemandem wehtun wollen, sich für die Gefühle von anderen verantwortlich fühlen

Hibiscus FES
+ Herzlichkeit und Reaktionsfähigkeit in der weiblichen Sexualität; Vereinigung von Seelenwärme und körperlicher Leidenschaft
o Unfähigkeit, sich mit der eigenen weiblichen Sexualität zu verbinden; mangelnde Herzlichkeit und Vitalität, oft zurückzuführen auf früheres Ausgenutztwerden oder Missbrauch

Himbeere (Raspberry) MFE
+ Gutherzigkeit; Mitgefühl und Nachsicht
o Überempfindlichkeit und um besser über seelische Wunden hinwegzukommen

Holunder (Schwarzer Holunder) BAK, IF **(Elder)** FB, GMT
+ Ausgleich und Synthese, Gegensätze zusammenfügen, Einheit schaffen. Beruhigung von Aggressivität. Verjüngung, Enthusiasmus.
o Denken in Gegensätzen, Schubladendenken, Festhalten an begrenzenden Vorstellungen. Gefühle von Wertlosigkeit, Verlegenheit oder Abneigung gegen sich selbst und den eigenen Körper

Immergrün (Periwinkle) PE, PFE
+ Leichtherzigkeit
o Niedergeschlagenheit

Iris FES, IF
+ Inspiration, Entfaltung der Kreativität
o Selbstzweifel, Selbstbegrenzung, blockierte Kreativität

Jasmin (Jasmine) PFE
+ Überwindung von Entfremdung. Frieden mit der Umwelt schließen, Diplomatie
o Einzelgängertum, Rebellion gegen Autoritäten, Isolation

Johannisbeere (Flowering Currant) BFE
+ Mut, Durchhaltevermögen, Tapferkeit
o Menschen, die das Herz (fast) verloren haben, aber dennoch tapfer weitermachen; der Glaube, dass die Niederlage unvermeidlich ist

Johanniskraut BAK, HB, IF **(Saint John's Wort)** FES
+ Selbstsicherheit, Mut, Sicherheit gegenüber dem Unbekannten
o Irritierbarkeit, Ängstlichkeit, Schüchternheit, Angst vor dem Unbekannten, Zukunftsängste

Kaktus

Riesensäulenkaktus (Saguaro) FES
+ ausgeglichener und gelassener Umgang mit Autorität

o Aggressionen und Rebellion gegenüber vermeintlichen oder wirklichen Autoritäten

Königin der Nacht (Queen of the Night) DA[7]
+ Intuition, Aufnahmefähigkeit, Sensibilität; tiefes Sehen, Verstehen und Fühlen
o Störung oder Zerstörung des weiblichen, aufnehmenden Prinzips, Phasen von Dunkelheit, Angst, Dissoziation, wenn man sich nervös, zerschlagen und unzulänglich fühlt

Kamille (Hundskamille) BAK, IF, Y **(Chamomile)** FES
+ besänftigt, beruhigt, zentriert; Selbstheilungskräfte
o Stress, Übererregung, Nervosität, Hyperaktivität

Kapuzinerkresse IF **(Nasturtium)** FES
+ Lebensfreude, Ausgelassenheit, Fröhlichkeit, Lachen
o zu starke Kopfbetonung, Unbeweglichkeit, wenn man das Lachen verlernt hat

Karotte (Möhre) (Carrot) PFE
+ Organisation, Prioritäten setzen, Rhythmus finden

Kartoffel (Potatoe) AFP, HAR
+ Körperliche Befreiung, dass Liebe in jede Zelle eindringt; die Freiheit, normal zu sein und sich sicher zu fühlen
o im Körper gespeicherte unvollständige Erfahrungszyklen auftauen, Aufregung und Nervosität

Kastanie BB

Chestnut Bud HB, Y
+ Lernfähigkeit, Reife, Verstehen, Begreifen
o immer wiederkehrende Muster, Menschen, die sich in einem scheinbaren Teufelskreis befinden, Muster durchschaubar werden lassen und Konsequenzen ziehen

Red Chestnut BAK, Y
+ Sorglosigkeit, Vertrauen in andere und in die Zukunft
o Projektion eigener Ängste auf andere; ständiges Sichsorgen um

---

[7] © Cynthia Athina Kemp Scherer 1997

andere; Befürchtungen, dass Nahestehenden etwas zugestoßen sein könnte und deswegen nicht schlafen können

White Chestnut BAK, HB, Y
+ Gedankenruhe, Abschalten können, Zentriertheit, Konzentration, Intuition, Kreativität
o Gedankenkreisen, Grübeln, fruchtloses Denken, innere Gespräche, die sich nicht abstellen lassen

Sweet Chestnut/Esskastanie Y
+ Bewusstseinserweiterung, höhere Erkenntnis, Überschreitung von Grenzen, Lebensmut, Hoffnung, Durchhalten, tiefer innerer Frieden und spirituelle Hilfe
o völliger Verzweiflung und Ausweglosigkeit, das Gefühl, am Boden zerstört zu sein

Kiefer HB, IF, Y **(Pine)** BB
+ sich selbst verzeihen, mit Erreichtem zufrieden sein, Selbstwert, Freiheit, Altes loslassen
o Schuldgefühle, Selbstvorwürfe, schlechtes Gewissen, Unzufriedenheit mit sich selbst

Kirsche BAK, HB, IF **(Cherry)** MFE
+ Fröhlichkeit, Begeisterungsfähigkeit, Humor, Leichtigkeit
o Langeweile, öde Routine, Resignation, Gefühllosigkeit im Körper

Klee BAK, IF **(Red Clover)** FES, BFE
+ Zentriertheit und innere Ruhe inmitten von Hektik, Panik oder Hysterie
o hysterische Zustände, übersteigerte Angst, leichte Ansteckung von Massenstimmungen

Weißer Klee BAK
+ die eigene Individualität annehmen und ausdrücken können, ehrlich und anfassbar sein
o Angst vor Individualität; Unscheinbarkeit, Angepasstheit, evtl. auch Exzentrik

Sauerklee (Oxalis) BFE
+ freies Durchatmen, freier Hals, leichte Informationsaufnahme, leichtes Lösen von Altem

o Gefühl, dass etwas im Hals stecken bleibt, sich im Würgegriff fühlen, sich bedrängt und ausweglos fühlen

Knoblauch (Garlic) FES
+ Hemmungen ablegen, Nervenstärke, Mut, Hindernisse überwinden, Selbstsicherheit
o Ängstlichkeit, Schüchternheit, Nervosität, schwache Konstitution

Königskerze BAK (Mullein) FES
+ Wahrhaftigkeit, Selbsterkenntnis, Ehrlichkeit sich selbst gegenüber, Selbstverwirklichung
o Unehrlichkeit, Unaufrichtigkeit sich selbst gegenüber, Unentschlossenheit, sein Fähnchen nach dem Wind hängen

Kornblume IF, Y
+ Kommunikation zwischen Geist und Seele, kreative Erkenntnisse und Gestaltung aus der geist-seelischen Verbindung heraus
o zu wenig Vertrauen in die Kraft der Seele, sich zu wenig zutrauen, Vergesslichkeit

Krokus (Purple Crocus) PE
+ Lösung von Spannungen, ausgelöst durch Trauer oder Verlust, Erleichterung von Problemlösungen, Weichheit, Fühlen
o Schmerzen, Kummer, Verlust

Küchenschelle (Windflower) PE
+ Erdung und innere Sicherheit
o sich zerschlagen und aufgelöst fühlen

Kürbis (Zucca) PHI
+ Fruchtbarkeit, Empfängnis, Entstehen neuer Ideen und Formen, ins Gleichgewicht bringen von zu intensiven Gefühlen, Integration der weiblichen Seite
o Ängste, Beklemmungen, psychische Spannungen

Lärche Y (Larch) BB
+ kreatives Selbstvertrauen, Selbstsicherheit, Selbstwertgefühl, Rückgrat, Haltung, Mut

o mangelndes Selbstvertrauen, Selbstzweifel und Minderwertigkeitsgefühle, Mutlosigkeit und Depression, Erwartung von Misserfolg, Gefühl, schlechter und weniger wert als andere zu sein

Lavendel BAK **(Lavender)** FES **(French Lavender)** PFE
+ Ausgleich materieller und ideeller Ziele, Entspannung, natürlicher Lebensrhythmus, Gelöstheit, Zielfindung
o Verspannung, rigider Lebensrhythmus, Missachtung der eigenen Bedürfnisse

Lilie (Lily) PFE, LEE **Madonnenlilie (Easter Lily)** FES
+ innere Reinheit der Seele, Vertrauen, Liebe und Harmonie. Vereinigung von Sexualität und Spiritualität. Immunabwehr
o Misstrauen, sich nicht sicher fühlen in der Welt. Angst vor der Zukunft. Sichsorgen. Innere Konflikte über Sexualität, wenn man Sex als unrein empfindet

Tigerlilie (Tiger Lily) FES
+ Gemeinschaftssinn, Zusammenarbeit, Freundschaft, Zuneigung
o übertriebener Ehrgeiz, Rücksichtslosigkeit, Starrköpfigkeit, Aggressivität

Linde (Lime) FB, GMT
+ Öffnung des Herzens für Licht und Liebe des eigenen universellen Wesens; Erkennen unserer Vernetztheit auf Erden, Gruppenbewusstsein, Verantwortung, Entwicklung. Eigene mediale und heilerische Fähigkeiten angstfrei anwenden können
o Selbstbezogenheit, Machtlosigkeit, Abhängigkeit. Zweifel und Ängste, Desorientierung

Löwenmäulchen BAK **(Snapdragon)** FES, GMT
+ emotional ausgewogene verbale Kommunikation, flüssiges Reden, sich aussprechen
o gehemmtes Sprechen und gehemmter Ausdruck, verbale Aggression und Feindseligkeit, Sarkasmus

Löwenzahn BAK, HB, IF, Y **(Dandelion)** FES
+ Entspannung, Erdung, Beweglichkeit, Abbau von in der Muskulatur festgehaltener Gefühlsspannung; Vitalität, Lust, Mut, Tatkraft

o Anspannung im körperlichen und emotionalen Bereich, Stress, Verkrampfung, Probleme beim Äußern von Gefühlen; Lustlosigkeit

Lorbeerbaum (Bay) GMT **(Laurel)** FB
+ Energie, tiefverwurzelte Vitalität. Lösung blockierter und unterdrückter Emotionen. Spiritualisierung des Physischen. In sich die Kraft finden, Ideen und Ideale in Tat und Form umzusetzen
o Befreiung blockierter und unterdrückter Emotionen. Zögern, Entscheidungsschwäche

Lotus FES, IF **(Red Lily)** ABF
+ Frieden, Einsicht, Meditation, Erkenntnis. Erdung, Leben in der Gegenwart, Verbindung zu Gott
o Selbstfindung. Sich zerrissen, vage, losgelöst und unentschlossen fühlen. Tagträumerei

Lupine (blau) HB
+ Vereinfachung und Konzentration des Denkens, von einem Ruhepunkt aus die Gesamtsituation beurteilen können, Ordnung, Objektivität, Schönheit
o mentale Überforderung, Verwirrung, Unverständnis, Denkblockade, den eigenen Weg nicht erkennen

Magnolie BAK, HB, GMT
+ Meditation, Einsicht, Friede, Selbsterkenntnis; Gefühl von Freiheit und Entspannung
o lang andauernde, verhärtete Verhaltensweisen und Körperstrukturen; Unvermögen, an den Kern eines Problems zu gelangen, Blockaden im Denken, Fühlen und Handeln; Ruhelosigkeit

Maiglöckchen (Lily of the Valley) PE, BFE
+ Einfachheit, Unschuld, Entscheidungsfreiheit
o Blasiertheit, Blockade durch Sehnsucht nach dem Unerreichbaren

Mais (Corn) FES, MFE
+ Innerer Friede, Überblick, Erdung, Entspannung, in sich selbst ruhen, Stabilisierung in Zeiten universeller/spiritueller Ausweitung. Erfahrung in bleibende Erkenntnis und nützliches Handeln umsetzen. Neuanfänge.»Ich kann«-Essenz
o mangelnde Erdung, fehlender Halt und Standpunkt

Malve (Mallow) FES, HAR
+ Kontaktfähigkeit, zwischenmenschliche Barrieren abbauen, Freunde finden
o Kontaktschwierigkeiten, unbehagliche Gefühle unter Menschen, Unsicherheit, Ängste, Einsamkeit. Angst vor dem Altern

Mammutbaum (Giant Redwood) GMT
+ Gefühl von ausgewogener Verantwortlichkeit, Toleranz und Entspannung, das der Weisheit den Raum zur Entwicklung gibt
o Last der Verantwortung, Härte zu sich selbst

Mandel PHI **(Almond)** MFE
+ Selbstkontrolle, Ruhe des Geistes und der Nerven innerhalb eines aktiven Lebens
o Pubertätsprobleme; wenn man mehr Stunden pro Tag bräuchte; Angreifbarkeit durch äußere Umstände

Mango ALO
+ höhere Frequenzen kosmischer Lichtenergien aufnehmen, die das spirituelle Wachstum fördern
o Reduzierung des Verlangens nach physischer Nahrung

Margerite IF, Y **(Shasta Daisy)** FES
+ Begreifen von Gesamtzusammenhängen und den Details, intuitives Verstehen, Überblick, Lebensfreude
o Vergesslichkeit, Zerstreutheit, mangelnde Konzentrationsfähigkeit, betrübt sein

Mohn

Islandmohn (Icelandic Poppy) AFP
+ das Leben aus spirituellem Blickwinkel betrachten, die eigene Wirkung auf die Außenwelt erkennen

Klatschmohn BAK, IF, Y **(Poppy)** HAR, PFE
+ Herzenswärme, Wertschätzung der Liebe, innere Ruhe, Verbindung zum Licht, Kräftigung der weiblichen Seite; Kommunikation zwischen Körper und Seele
o Härte, Kälte, Selbstsucht, Angespanntheit bis Aggressivität, Einsamkeit, Gefühl von Verletzlichkeit

Schlafmohn (Opium Poppy) AFP **(Oriental Poppy)** HAR
+ Gleichgewicht von Aktivität und Ruhe, von Entwicklung und Sein. Das Leben so genießen, wie es ist

Moos (Moss) BFE
+ Freiheit und Leichtigkeit, inneres Hellwerden
o Angst vor Freiheit und Leichtigkeit im Leben, Angst vor »dunklen« oder »sündigen« Bereichen im eigenen Inneren

Narzisse (Narcissus) PE, PFE, PHI **(Daffodil)** GMT
+ Wärme und Freude, Zuneigung, Sicherheit, Licht, Verbindung mit dem Höheren Selbst, Liebe
o Ängstlichkeit, Kummer, Isolation, Depression, Selbstzweifel

Olive BB
+ Energie, Regeneration
o Verausgabung, Erschöpfung

Orange MFE
+ Freude
o Stimmungsanfälligkeit, Depression, Lustlosigkeit, Missbrauch

Orchidee[8] **(Orchid)** PFE
+ die Fähigkeit, Fehler einzugestehen. Mehr Interesse an geliebten Menschen und der Gemeinschaft. Hohes Energieniveau
o Selbstbestrafung wegen vergangener Fehler, sofortiges Akzeptieren der Urteile anderer über sich. Arbeitssucht

Oregano BAK, IF
+ Unabhängigkeit, Mut, in der Mitte sein, Verbundenheit, Liebe
o Gefühl der Trennung und Entfremdung, Distanz zu sich und dem Umfeld, Selbstbezogenheit

Palme
Dattelpalme (Date) MFE
+ Toleranz, Akzeptanz, Süße, Sanftmut, Liebenswürdigkeit
o verurteilende, überkritische Natur; Gefühle von Einsamkeit, Bedeutungslosigkeit, Langeweile

---

[8] Eine ganze Serie von Orchideenessenzen gibt es bei PHI.

Kokosnusspalme PHI **(Coconut)** ALO, MFE
+ Erhabenheit, zielgerichtete Aufmerksamkeit, Annehmen von Herausforderungen
o Rastlosigkeit, Herausforderungen ausweichen wollen

Papaya ALO, **(Paw Paw)** ABF
+ besserer Zugang zum Höheren Selbst, Aufnahme und Integration neuer Ideen, Ruhe, Klarheit, Verantwortung für die eigene Wirklichkeit
o Selbstverantwortung übernehmen. Gefühl, überwältigt zu werden. Unfähigkeit, Probleme zu lösen und Entscheidungen zu treffen; mentale Verwirrung

Pappel/Schwarzpappel (Black Poplar) GMT
+ Festigkeit, machtvolle Friedlichkeit, Gefühl der Sicherheit und inneren Klarheit, Tröstung

Passionsblume Y **(Passion Flower)** ALO, GMT
+ reine, göttliche, bedingungslose Liebe; Heilung von Negativität, psychischem Schmerz und Trauma; Öffnung des Herz- und Kehlchakras; Einheit von Geist und Seele

Petunie (weiß) (White Petunia) PFE
+ Harmonisierung der kreativen Energie in Geist, Gehirn und Körper; Synergie zwischen linker und rechter Gehirnhälfte; konstruktives Denken, Heilung, Koordination, Entscheidungen treffen und sich daran halten
o Koordinationsstörungen von Gedanken, Konzentration und Körperbewegungen; Entscheidungs- und Handlungsschwäche; Stottern

Pfefferminze (Peppermint) FES
+ Wachheit, geistige Klarheit und Beweglichkeit
o mentale Überlastung, Müdigkeit, Lethargie, Unkonzentriertheit

Pfirsich (Peach) MFE
+ Selbstlosigkeit, Mitgefühl, Hilfsbereitschaft, Mütterlichkeit
o Erschöpfung

Pilz[9] siehe **Fliegenpilz, Steinpilz**

Primel (Polyanthus) PE
+ Reichtum, Selbstwert
o Gefühl der Wertlosigkeit

Quitte HB
+ Ausgeglichenheit, Entscheidungsfreude, Zielstrebigkeit, Ausgleich von Polaritäten
o innere Zerrissenheit, Unfähigkeit, sich zu entscheiden; Denken in sich ausschließenden Polaritäten

Rainfarn IF **(Tansy)** FES
+ Motivation, Entschlossenheit, Willenskraft, Tatkraft
o Lethargie, Trägheit, Phlegma, Lustlosigkeit

Raps (Erfahrung aus dem Realighting®)
+ Freude, Wachstum
o sich von Bildern und äußeren Ereignissen besetzt fühlen

Rhabarber (Rhubarb) HAR
+ Gefühl der Erfüllung und Ganzheit
o Schwatzhaftigkeit, aus der Rolle fallen, eigene Grenzen oder die anderer Menschen nicht kennen

Rhododendron BFE
+ entspannt und gelassen im Lebensfluss sein; schwierige Situationen mit Abstand und Humor betrachten können
o Arbeitssucht; Dinge erzwingen wollen (oft mit verzweifelter Anstrengung und erst recht, wenn es nicht klappen will)

Ringelblume BAK, HB, IF, Y **(Calendula)** FES **(Marigold)** BFE
+ sich unmissverständlich ausdrücken können, zuhören können; Kommunikation mit der Natur, z.B. mit Pflanzen
o mangelnde Ausdauer beim Zuhören, mangelndes Verstehen; Schwierigkeiten, sich verbal auszudrücken

---

9 Eine ganze Serie von Pilzessenzen gibt es bei PHI.

Rittersporn (Larkspur) FES
+ charismatische Führungskraft, ansteckende Begeisterung, freudiges Dienen
o Egozentriertheit, Machtanspruch, Selbstüberschätzung

Robinie Y
+ Regeneration des Energiepotentials
o Erschöpfung, wenn man Ruhe braucht; sich selbst unter Druck setzen

Rosen (siehe auch **Heckenrose**)

es gibt sehr viele verschiedene Rosenessenzen bei verschiedenen Herstellern (z.B. Perelandra, PHI, etc.) hier nur eine kleine Auswahl aus den *Petite-Fleur-Essenzen*:

Pink Rose (rosa) PFE
+ ein besseres Selbstbild, Konzentration auf das, was man verändern kann
o Menschen, die sich zu dick finden

Red Rose (rot) HAR, PFE
+ Begeisterung und Freude, Kühnheit und Passion
o Trübsinn, gelegentliche Depressionen, negatives Denken, Scham

White Rose (weiß) PFE
+ Selbstvertrauen, die Fähigkeit, sich bei allen Menschen wohl zu fühlen
o Menschen, die negatives Denken von anderen absorbieren und unbestimmte Angst empfinden; bei übersinnlichen Angriffen und Gedächtnisverlust

Yellow Rose (gelb) PFE
+ sich der Gesellschaft mit selbstloser Hingabe widmen; Intuition für die gegenwärtigen Zeiten und Bedingungen. Reformen. »Liebe wird erst dann Liebe, wenn man sie anderen gibt.«

Rosmarin FES, HB
+ Standhaftigkeit, Durchhaltevermögen, Konfliktfähigkeit, männliche Energie
o ständige Fluchttendenz; Angst vor Auseinandersetzungen; Unfähigkeit, Konflikte auszuhalten

Salat (Lettuce) MFE
+ Kreativität, innere Ruhe, Unerschütterlichkeit, Gleichmut
o aufgewühlte Emotionen, innerer Aufruhr

Salbei IF, **Wiesensalbei** Y **(Sage)** FES
+ heitere Weisheit, höhere Perspektive, Reinigung, Erfahrungen ganzheitlich verarbeiten, Einklang mit den Gefühlen, Regeneration. Angeschlossensein an seine Mitte
o extreme geistige Haltungen, Fanatismus, Rachsucht, starke Emotionen. Überbewertung des Verstandes, Gefühl von Sinnlosigkeit, Abgetrenntsein von seinen Gefühlen oder der Seele

Schafgarbe BAK, HB, IF, Y **(Yarrow)** FES
+ Schutz, Abgrenzung, Sicherheit, Abschirmung gegen Stress und äußere Einflüsse, innerer Halt
o Verletzlichkeit, Ängstlichkeit, fehlende emotionale Abgrenzung

Schlehe IF, BAK
+ innerer und äußerer Frieden, Zärtlichkeit; Vertrauen in das Gute im Menschen; sinnlose Kämpfe aufgeben; Mut, loszulassen
o Gefühl von ständiger Bedrohung und Verletzlichkeit, im ständigen Wettstreit sein, Kampf der Geschlechter. Ständige Verteidigungshaltung, Erschöpfung

Schlüsselblume BAK, HB, IF
+ Zuversicht, Optimismus, Erschließung des inneren Potentials, Ausdauer und Geduld, die Integration neuartiger Ideen und Projekte
o Selbstzweifel, Erwartungsängste, Minderwertigkeitsgefühle

Schneeglöckchen (Snowdrop) FB **(Double Snowdrop, Single Snowdrop)** BFE, PE
+ Innere Strahlkraft in Zeiten der Dunkelheit. Wissen um das ewige Selbst. Offenheit, Unbeschwertheit, fröhliche Energie
o Angst vor Tod und Sterben, Winterdepression, Trauer. Loslassen von tiefsitzendem Schmerz, Selbstvergessenheit, verknöcherte Haltungen und Ansichten

Seerose IF **(Day-blooming Waterlily)** ALO
+ Zufriedenheit, Hingabefähigkeit, erfüllte Sexualität
o Verschlossenheit, Vermeidung von Intimität; Konflikte durch Durchsetzung egoistischer Bedürfnisse

Sellerie (Celery) PER
+ Stellt während langwieriger viraler oder bakterieller Infektionen oder in Zeiten von Stress und Überlastung das Gleichgewicht des Immunsystems wieder her

Sonnenblume BAK, HB **(Sunflower)** FES
+ positive männliche Energie, Rückgrat, Durchsetzungsvermögen, für sich selbst einstehen können, persönliche Kraft und Ausstrahlung
o mangelndes Selbstvertrauen und Selbstbewusstsein, Vaterproblematik, Schwanken zwischen Selbstverleugnung und Selbstüberschätzung, Männerhass

Sonnenröschen IF, Y **(Rock Rose)** BB
+ Gelassenheit; Todesmut; über sich selbst hinauswachsen
o extreme Angst, Panik, Horror, Entsetzen, Todesangst

Spinat (Spinach) MFE
+ Einfachheit, kindliches Vertrauen und Zufriedenheit
o Stress, wenn man sich zu ernst oder zu wichtig nimmt

Springkraut

Drüsentragendes Springkraut BAK, HB, IF, Y **(Impatiens)** BB
+ Geduld, innere Ruhe, Anpassungsfähigkeit, Ausdauer, Verständnis für andere
o Ungeduld, Hektik, Stress, inneres Getriebensein

Echtes Springkraut (Rührmichnichtan) BAK, HB
+ Urvertrauen, Nähe zulassen, Anerkennung des eigenen Wertes
o Angst vor Nähe, Berührungsängste, Misstrauen, Gefühl von Wertlosigkeit

Stachelbeere BAK
+ Gedankenruhe, geistige Ausrichtung

Steinpilz PHI
+ Verbindung mit der Erde, feste Verankerung. Energetische Stärkung und Kräftigung

Stiefmütterchen (Wildes Stiefmütterchen) IF, Y **(Pansy)** HAR, PFE
+ Stärkung des Selbstwertgefühls, Trost, Selbständigkeit, Unabhängigkeit. Überwindung von Trauer
o Trennung; verminderte Selbstachtung, sich zurückgewiesen und abgelehnt fühlen

Storchenschnabel BAK, IF **(Filaree)** FES
+ Sammlung, Konzentration, gelassene Zielstrebigkeit, loslassen in Leichtigkeit, Erneuerung
o Verwirrung über den einzuschlagenden Weg und die eigenen Fähigkeiten; Verhaftung in überlebten Situationen

Sumpfdotterblume HB, IF
+ Stärke; sich selbst treu bleiben; Zugang zur inneren Führung; Neugestaltung der Lebensumstände
o Orientierungslosigkeit, Verwirrung; Gefühl, von sich selber abgeschnitten zu sein; Manipulierbarkeit, Verstrickung, Verzettelung

Tagetes (Studentenblume) BAK **(Marigold)** PFE
+ aktives Hören nach innen (inneres Kind, innere Stimme) und außen. Ausgleich von männlichen und weiblichen Aspekten
o Schuldgefühle wegen sexueller Freizügigkeit, damit zusammenhängende Frigidität oder Impotenz. Verwirrung über Geschlechtsidentität

Tamariske (Tamarisk) GMT
+ Befreiung der Energien für persönliches Wachstum, tiefe Reinigung: das Feuer der Transformation
o Erkennen des wahren Selbst

Taubnessel (rot) Y
+ Intimität, Beziehung zu sich selbst und anderen
o Blockaden in Beziehungen

Tausendgüldenkraut BAK, IF, Y **(Centaury)** BB
+ Festlegen eigener Grenzen, Durchsetzungsfähigkeit, geben und nehmen können
o Überschätzung der eigenen Kräfte, sich ausnutzen lassen, eigene Bedürfnisse vernachlässigen

Tomate BAK **(Tomato)** MFE
+ Geisteskraft, Stärke, Mut; Überzeugung, die Herausforderungen des Lebens meistern zu können; Reinigung
o Süchte, schädliche Beziehungen, unerwünschte Gewohnheiten, Infektionen

Tränendes Herz IF **(Bleeding Heart)** FES
+ Offenheit und Vertrauen in Beziehungen, PartnerIn in Freiheit lassen
o Liebeskummer, Partnerschaftsprobleme, gebrochenes Herz

Traubenhyazinthe (Muscari) Y
+ positive Einstellung zum Leben
o wenn man das Leben als mühselig und beladen empfindet; sich als Opfer und hilflos fühlen

Tulpe, rot (Red Tulip) HAR
+ Harmonisierung, Kräftigung
o Schüchternheit. Häufig die Ruhe verlieren

Ulme Y **(Elm)** BB
+ Vertrauen in den natürlichen Lebensfluss, Zuversicht, Kraft, Durchhaltevermögen
o Versagensängste, Unzulänglichkeitsgefühle, Niedergeschlagenheit

Veilchen BAK, IF **(Violet)** FES
+ Selbstbewusstsein, Rückgrat, sich wehren können, Kontaktfähigkeit, sich in Gruppen behaupten können
o Unauffälligkeit, Übersensibilität, mangelndes Selbstvertrauen

Vergissmeinnicht BAK, IF, Y **(Forget me not)** FES
+ klares Denken und Erinnerung, sich seines geistigen Ursprungs und seiner Fähigkeiten wieder bewusst werden, geistige Erweiterung, spirituelle Führung, Öffnung des Herzens, ursprüngliche Unschuld,

Träume und Visionen, Einfühlungsvermögen, zwischenmenschlicher Kontakt
o Vergesslichkeit, Unkonzentriertheit, Gefühl der Nichtverbundenheit, mangelndes Bewusstsein der geistigen Quellen des Lebens, sich ausgegrenzt fühlen

Vogelwicke BAK, IF
+ Zu den eigenen Gefühlen und der eigenen Sexualität stehen und frei leben können
o Unterwerfung und/oder Unterdrückung, Ausübung von Macht in der Sexualität und Emotionen

Waldrebe siehe **Clematis**

Walnuss Y **(Walnut)** BB
+ die Fähigkeit, getroffene Entscheidungen zielstrebig und entschlossen durchzusetzen; sich selbst treu bleiben, Durchbruch
o leichte Beeinflussbarkeit von außen, Zweifel

Wasser-Schwertlilie (gelb) IF
+ Vertrauen in die höhere Inspiration, Gewissheit, Lebendigkeit
o Mangel an Vertrauen in die eigene Intuition, Unsicherheit, Lustlosigkeit, Ratlosigkeit

Weide Y (Willow) **BB (Great Sallow)** GMT
+ Übernahme der Verantwortung für das eigene Leben, Flexibilität, geistige Empfänglichkeit, Versöhnung, Verbindung mit der Erdenergie, Verständnis des Lebenssinns
o Verbitterung, ständiges Klagen, ewige Unzufriedenheit, Hadern mit dem Schicksal, Verantwortung auf andere abschieben

Korbweide (Osier) GMT
+ Kontakt zum Höheren Selbst. Energie, um sich anzupassen, sich zu verändern und zu wachsen. Verständnis
o Spirituelle Leere; wenn alles leer und unnütz erscheint

Trauerweide (Weeping Willow) GMT
+ richtige Anwendung von persönlicher Macht und Energie. Toleranz gegenüber anderen und Akzeptanz der eigenen Mängel. Energetisierung und Motivierung auf ausgeglichene, weise Art

o »Ego«. Sich aufregen über die Anschauungen und Einstellungen anderer Menschen

Weidenröschen BAK, HB, IF **(Willowherb)** FB, HAR
+ Heilung von Verletzungen der Seele, Vertrauen in die eigene positive Entwicklung, stärkt das Selbstwertgefühl. Erdung, Festigkeit, Kraft für Veränderung. Integrität, positive Autorität, Demut
o Verletzung weiblicher Persönlichkeitsanteile, Missbrauch, Vergewaltigung, zerstörerische Erfahrungen, Verletzungen und Traumatisierungen des Unbewussten. Selbstaufblähung, Sich-wichtig-Nehmen, Unterdrückung, Wut

Wein (Vine) BB, Y **(Grape)** MFE
+ Weise Führungsqualitäten, Respekt vor den Mitmenschen, tiefer Kontakt zur inneren Weisheit, Rücksichtnahme, natürliche Autorität, Dienen, bedingungslos lieben
o Machtmissbrauch, Unterdrückung anderer, Verlangen nach Gehorsam und Unterwürfigkeit, Mangel an Liebe, Trennung oder Scheidung

Weizen (Erfahrung aus dem Realighting®)
+ innere Freiheit, Energie, majestätische Kraft, in seiner Mitte sein, beschwingt sein
o sich angegriffen und abgelehnt fühlen, Depression, Erschrecken

Wiesenschaumkraut HB
+ Kontakt zu den eigenen Wurzeln, archetypisches Wissen, Selbstfindung
o Entfremdung von der eigenen Natur, den eigenen Bedürfnissen; wenn man nicht weiß, was man will

Wildbirne Y
+ ethisches Verhalten, Achtung des Lebens, Regeneration
o wirre Gedanken und Gefühle; in der Vergangenheit leben, Auflösung von alten Mustern

Wilder Wein Y
+ geistige Öffnung für Körperlichkeit und Sexualität, Genießen, die »Leichtigkeit des Seins«
o Geistesabwesenheit, wenn es um körperliche und sexuelle Bedürfnisse geht

Winde, Prunkwinde (Morning Glory) FES
+ Vitalität, neue Lebenskraft, Entgiftung von Drogen und Alkohol
o Suchtverhalten, destruktive Gewohnheiten, Rastlosigkeit und Sprunghaftigkeit

Ackerwinde BAK
+ Energiezuwachs, geistige Beweglichkeit, Verändern von Gewohnheiten, Spannkraft
o Selbstbeschränkung, Vermeidung von Herausforderungen, Angepasstheit, Gewohnheitstiere

Zaunwinde HB, Y
+ Überwindung von Gewohnheiten und Süchten, Entwicklung neuer Perspektiven, Licht am Ende des Tunnels, Probleme als Herausforderung sehen
o Feststecken in überholten Mustern und Suchtstrukturen

Wollgras (Cotton Grass) AFP
+ im Körper festgehaltene Schmerzen loslassen; nach Verletzungen und Trauma Gleichgewicht wiederherstellen; den Brennpunkt von Schmerz auf Heilung verlagern

Zinnie IF (Zinnia) FES
+ kindlich-spielerische Haltung dem Leben gegenüber; die Freude des inneren Kindes erleben; Leichtigkeit des Herzens; unvoreingenommene Sichtweise zu sich selbst
o übermäßige Ernsthaftigkeit, Abgestumpftheit, Schwere, Mangel an Humor; trübes Gefühl, Unterdrückung des inneren Kindes

Zitrone (Lemon) FES
+ Denkvermögen, Reinigung des Organismus

Zucchini PER
+ die Wiederherstellung der Körperkraft während der Rekonvaleszenz

Zwiebel (Onion) PFE
+ Toleranz und Einfühlungsvermögen. Reifung zu natürlicher Führungskraft
o Engstirnigkeit, Selbsteinschränkung durch Vorurteile

Wasser / Quellwasser BAK, HB, Y **(Rock Water)** BB
+ Sanftheit mit sich selbst, Beweglichkeit, Nachgiebigkeit
o Märtyrertum, extreme Selbstverleugnung und Selbstdisziplin, Verleugnung der eigenen Bedürfnisse

Die Heilkraft oder Bedeutung von Edelsteinen und Metallen[10]
(Eine Auswahl)

Amethyst PHI, Brazilian Amethyst AFP
Violett. Beruhigend und konzentrationsverbessernd. Regt die Phantasie an. Bewahrt vor Lernschwierigkeiten und Prüfungsangst. Harmonie, Wärme, Geborgenheit. Würde, Wert. Schutz. Alte Weisheit. Intuition, Meditation, spirituelle Entwicklung. Wandelt niedrig schwingende in höher schwingende Energie um

Aquamarin PHI, AFP
Hellblau durchsichtig. Freude, Harmonie, inneres Gleichgewicht. Selbstbewusstsein, Selbstausdruck. Liebe und Treue. Lösung von Blockaden im Kopf- u. Halsbereich, bringt ruhige, stille Klarheit ins Denken. Erfrischend und klärend

Bergkristall PHI, Brazilian Quartz AFP
Klar. Reinigung von Geist und Seele. Sensibilität und Offenheit. Mentale Ordnung, Intuition, Verbindung mit dem Höheren Selbst. Bringt die Aurafelder in Einklang

Bernstein
Hellgelb bis braunorange, durchsichtig und undurchsichtig. Stärkend, wärmend, erhellend, inspirierend. Lebensfreude. Entscheidungsfähigkeit. Ausdauer

---

10 Frei zitiert aus den Herstellerangaben und aus: *Sun Bear / Wabun Wind Shawnodese,* Das Medizinrad-Traumbuch. Goldmann, München 1995. Und: *Das große Lexikon der Heilsteine, Düfte und Kräuter.* Edition Methusalem, 1994. *Andreas Korte, Antje u. Helmut Hofmann:* Orchideen, Edelsteine und ihre heilenden Energien. Verlag Hermann Bauer, Freiburg 1992

Carneol, Carnelian AFP
Orangerot bis dunkelrot durchscheinend. Erneuerung, Vitalität, Lebensfreude. Hilft dem ätherischen Körper, Prana-Energie aufzunehmen

Diamant PHI, **Diamond** AFP
Bringt Klarheit ins 6. Chakra. Harmonisiert den göttlichen mit dem persönlichen Willen. Bringt Licht in den Schatten. Klares und selbständiges Denken. Gesundheit und langes Leben. In Partnerschaften: Einsicht, Verständnis, Toleranz, Reife. Ewige Liebe und Treue. Kraft und Mut. Meditation, Bewusstmachung, kosmische Verbundenheit

Flintstein (Feuerstein) und **Rheinkiesel**
Entspannung, Selbstsicherheit. Befreit von Klischees, macht Mut, aus der Reihe zu tanzen. Man selbst sein

Gold AFP
Stärkung und Ausgleich des 3. Chakras. Befähigt, die höchsten Aspekte der persönlichen Identität zu erkennen und in die physische Realität umzusetzen. Selbstbewusstsein, Reichtum, Wohlergehen. Selbstwert, Lebenskraft, Sonne. Bringt Licht und öffnet neue Wege. Harmonisiert das Herz-Chakra und die rechte und linke Gehirnhälfte

Granat
Rot, dunkelrot, rotbraun. Wahre Freundschaft, Liebe. Willenskraft und Selbstvertrauen. Kräftigt das Herz

Jade, Jadeit Jade AFP
Hellgrün bis dunkelgrün durchscheinend. Innerer Frieden, Harmonie, Ausgeglichenheit, Gelassenheit. Zufriedenheit und Selbstsicherheit. Hilft ganz im Augenblick zu sein und sein wahres Wesen zu akzeptieren. Abbau von Vorurteilen. Gerechtigkeit, Barmherzigkeit. Freude, Lebenslust. Langes Leben

Koralle PHI (siehe auch unter Tiere)
Rot, rosa, weiß und schwarz. Energetische Stimulierung, Lösung von Blockaden. Fördert Selbstheilungsprozesse. Liebe. Freude, Energie, Lebenskraft. Schutz

Kupfer PHI
Vitalisierung, Reinigung, Selbstheilung. Optimismus, Harmonie, Schutz. Selbstbewusstsein, Mut, Entscheidungskraft. Offenheit, Ehrlichkeit, Entspannung

Lapislazuli AFP, PHI
Blau, undurchsichtig, häufig mit goldenen Pünktchen. Öffnet und reinigt das 5. Chakra (Kommunikation), verstärkt die Fähigkeit, Informationen aus physischen und nicht-physischen Quellen zu hören. Meditation, Spiritualität. Intuitiv belebend und konzentrationsfördernd. Abbau von Blockaden, Ängsten, Vorurteilen, Verwirrung. Freundschaft. Offenheit, Optimismus gegenüber Neuem. Hilft, seelische Wunden zu schließen. Beruhigung, Inspiration, Klärung. Lindert Angst und Spannung im Kehlkopf-Chakra und hilft, sich auszudrücken

Malachit, AFP, PHI
Dunkelgrün, gestreift, undurchsichtig. Erdung. Richtet die physischen, emotionalen, geistigen und spirituellen Ebenen des Seins aufeinander aus. Reinigung. Ausgeglichenheit, Lebensfreude, Verständnis, Feinfühligkeit, Liebe. Selbstverwirklichung, Zufriedenheit

Mondstein PHI, **Moonstone** AFP
Weiß, bläulich, orange, grau und gelblich irisierend. Weiblichkeit, Empfänglichkeit und Intuition. Lebensfreude, Harmonie und Ausgeglichenheit. Kreativität, Inspiration, Verständnis. Heilt Emotionen und lindert Angst und Stress

Onyx
Schwarz, kaum durchsichtig. Widerstandskraft, Stabilität, Lebensfreude. Harmonie, Schutz

Opal AFP
Durchsichtig farblos, weiß, blau und schwarz, opalisierend in den Farben des Regenbogens. Balsam für die Seele, Selbstverwirklichung, Kreativität. Augen öffnend für die eigenen Bedürfnisse. Energie. Nährt den ätherischen und die feinstofflichen Körper mit einem vollen Spektrum leuchtender Farben

Perle PHI (**Pearl**) AFP
Lichtbringer. Geistiges Wachstum, Selbsterkenntnis, Erleichterung, Lösung. Schönheit, Zufriedenheit und Liebe. Fördert das Loslassen von Ärger und Verhärtungen. Hilft, Widerstand gegenüber sich selbst oder einer Krankheit in Bewusstheit und Annehmen zu verwandeln. Schutz, Ausgleich

Perlmutt
Kräftigend und stabilisierend. Selbstwert, Selbstvertrauen, Selbstbewusstsein. Ruhe. Konzentrationsfähigkeit. Klarheit. Akzeptanz. Zusammengehörigkeit

Pyrit AFP
Gold-silbrig glänzend. Neue Hoffnung. Neue Lebenswege erkennen, das Leben lebenswert finden. Selbstbewusstsein und Gefühlsreichtum. Stärkt den Sinn für das eigene Selbst und die eigenen Werte, besonders in Gruppensituationen und unter Gruppendruck

Rauchquarz PHI, **Smoky Quartz** AFP
Rauchig braun bis schwarz, durchscheinend. Bringt Lebensfreude und Licht ins Leben. Neuanfang, Inspiration, Selbstverantwortung. Erdend und beruhigend. Hilft, die eigenen Schattenseiten anzuschauen und sich so anzunehmen, wie man ist. Entgiftung der physischen, emotionalen und geistigen Körper

Rosenquarz PHI, **Rose Quartz** AFP
Rosa durchscheinend. Öffnet, erweicht und beruhigt das Herz. Bedingungslose Liebe und Selbstliebe. Sanftmut, Zärtlichkeit, Zufriedenheit. Schönheit, Reinheit, Vertrauen und Selbstvertrauen. Heilung von Herzschmerz und Liebeskummer. Loslassen können. Beleben der Phantasie und Kreativität. Einklang mit dem inneren Kind

Rubin oder **Karfunkel** PHI, **Ruby** AFP
Blutrot, selten durchscheinend oder mit Stern. Erfüllung. Steigerung des körperlichen und seelischen Kräftepotentials. Selbstverwirklichung. Liebe und Treue. Wahrheit, Schutz. Lösung von Emotionen. Energetisiert und öffnet das 1. Chakra und fördert die Fähigkeit, spirituelle Energie im physischen Körper zu erden

Rutilquarz PHI, **Rutilated Quartz** AFP
Durchsichtig mit rötlichen, goldenen oder braunen nadeligen Einschlüssen. Wahrheit und Schutz. Selbstverwirklichung. Spirituelles Wachstum, Wohlbefinden, Harmonie und Lebenskraft. Gehirnstimulation, Inspiration. Hilft dabei, die Ursache von Problemen zu finden

Saphir PHI **Sapphire** AFP
Kornblumenblau, aber auch weiß, gelb, violett, rosa, braun und grün durchscheinend. Verbindet Körper, Geist und Seele. Aufrichtigkeit, Geradlinigkeit, Zielstrebigkeit. Ruhige Nerven, Konzentration. Hingabe an den göttlichen Willen. Treue und Verantwortungsbewusstsein bezüglich der eigenen Lebensaufgabe. Inspiration

Silber PHI
Intuition, Schutz, Sensibilität. Innere Ausgeglichenheit, geistiger Friede. Sanftheit. Selbstverwirklichung. Verbindung mit dem Mond. Stimuliert den Verstand und stärkt die weiblichen Aspekte und das emotionale Gleichgewicht

Smaragd PHI, **Emerald** AFP
Hellgrün, grün durchscheinend. Reinigt und harmonisiert das Herz. Inneres Gleichgewicht und Ausgeglichenheit. Verjüngend. Zufriedenheit und Lebensfreude. Versöhnung und Verständnis. Selbstheilungskräfte, Liebe, Weisheit, Entwicklung, Intuition, Meditation, Verbindung zum Höheren Selbst und zur Energie der Göttin. Erlaubt dem Herzen, sich für eine größere Erfahrung der Liebe im physischen Körper zu öffnen

Sodalit
Dunkelblau, teilweise mit weißen Einschlüssen, undurchsichtig. Reinigung auf allen Ebenen. Emotionales Gleichgewicht, Selbstvertrauen, Standfestigkeit, Mut. Logisches Denkvermögen und Kreativität

Tigerauge PHI **Tiger's Eye** AFP
Goldig-braun, schimmernder Glanz. Seinem wahren Selbst treu bleiben, auch wenn man mit starken Gefühlen wie Wut, Angst oder Eifersucht konfrontiert wird. Schutz und Sicherheit, Wachheit in finanziellen Angelegenheiten und Verträgen. Steigert Aufnahmefä-

higkeit, Aufmerksamkeit und Lernbereitschaft. Verleiht familiäre Wärme, Geborgenheit und Ausgeglichenheit. Regeneriert materielles Imponiergehabe. Konzentration, Toleranz, Harmonie, Beruhigung

Topas AFP
Weiß (Edel- oder Silbertopas), blau oder gelblich bis orange durchscheinend. Löst Energieblockaden im Solarplexus. Sich anschließen an universelle Energie. Stärkt die Fähigkeit zu entschiedenem Handeln und einer klaren Haltung zu sich selbst

Türkis, Turquoise AFP
Stellt die Energiefelder auf uralte Weisheit und Heiligkeit ein, die allem Leben innewohnt. Reinigt und vertieft die Verbindung zur Seele der Erde. Hilft, ein Leben in Einfachheit zu führen, in Dankbarkeit und Ehrfurcht für alles, was ist. Aktivierung des Selbstvertrauens, der Tat- und Schaffenskraft. Selbstsicherheit. Schutz und Harmonisierung

Zitrin PHI, **Citrine** AFP
Harmonisiert den Mentalkörper mit den höheren spirituellen Gesetzen, der göttlichen Wahrheit. Stärkt die Fähigkeit zu Konzentration und Zentrierung. Zärtlichkeit, Vertrauen

Die Heilkraft oder Bedeutung von Farben[11]

(Eine Auswahl. – Es hätte den Rahmen dieses Anhangs gesprengt, auch noch auf *Aura-Soma* einzugehen, obwohl im Realighting® oft Farben und farbiges Licht als Heilungsmedium erscheinen. Meist kann diese Farbqualität dann in Form einer *Aura-Soma »Balance«*-Flasche gefunden werden, deren Wirkungsbeschreibung gewöhnlich zuzutreffen pflegt[12])

+ fördert, unterstützt folgende Seinsqualitäten und neue Lebensmöglichkeiten: ...
o hilft bei der Auflösung von folgenden Lebensaspekten bzw. »Mustern«: ...

Blau (Blue) GMT
Himmelblau − Schlüsselwort *Kommunikation*
+ Beruhigung und Kühlung; sicherer Abstand und Distanz; kreativer Ausdruck und Kommunikation auf allen Ebenen; die Fähigkeit, Frieden zu bringen
o Erregung, Aggressivität, Hyperaktivität, Leiden

Dunkelblau (Indigo) − Schlüsselwort *Wahrnehmung*
+ Verfeinerung der Wahrnehmung, besonders über Augen und Ohren; starke Beruhigung und Kühlung; Empfindsamkeit gegenüber sich ändernden Schwingungen; Intuition; erweitertes Erinnerungsvermögen und tiefe Ebenen der Kommunikation
o Infektionen

Braun
+ Verbindung mit der Erde, Stabilität; Struktur, Wachstum, Verlässlichkeit, Erdung

Gelb (Yellow) GMT − Schlüsselwort *Unterscheidung*
+ Mentale Klarheit; Erkennen, was nützlich ist und was nicht; Erinnerungsvermögen, Lernfähigkeit, Intellekt; Stärkung des Immunsystems. Wärme, Sonne, Licht
o Anspannung im Solarplexus; Trübsinn, Ermüdung

Grau
+ altes Wissen, Integration, Erfahrung, Entschlusskraft

Grün (Green) GMT − Schlüsselwort *Ruhe*
+ das Empfinden, Raum zu haben, um Gefühle des Herzens ausdrücken zu können; gibt dem Leben eine Richtung und ein

---

11 Bei den mit GTM gekennzeichneten Farben handelt es sich um die *Green Man Light Essences* aus dem Katalog von *Green Man Tree Essences*. Die Bedeutung der anderen Farben ist frei übernommen aus: *Sun Bear/Wabun Wind Shawnodese:* Das Medizinrad-Traumbuch. Goldmann, München 1995.

12 Nachzuschauen (anhand der abgebildeten Farbtafeln der Flaschen) und nachzulesen in der entsprechenden Literatur, z.B.: *Irene Dalichow & Mike Booth:* Aura-Soma − Heilung durch Farbe, Pflanzen- und Edelsteinenergie. Knaur, München 1994.

Ziel; sich einstimmen auf die Natur; Ruhe und Ausgeglichenheit; natürliches Wachstum. Heilung, neue Energie, Verjüngung. Verstehen der eigenen Heilkräfte. Mitgefühl

Korallenrot
+ Höhere Intuition, Unabhängigkeit, Spontaneität. Liebe annehmen und Freude daran haben. All-Eins-Sein

Magenta GMT – Schlüsselwort *Mitgefühl*
+ Ausgleich und Stabilisierung der Energiekörper und der Emotionen; Aufnahmefähigkeit, Flexibilität; die Fähigkeit, loszulassen und Veränderung zu akzeptieren. Energetisierung der Energiezentren über dem Kopf. Stimulierend
o das dringende Bedürfnis bzw. die Unfähigkeit, Liebe und Mitgefühl zu geben und zu empfangen

Ocker
+ Zeremonielles, heiliges Wissen. Erdverbundenheit

Orange GMT – Schlüsselwort *Genesung*
+ tiefe Heilung durch Instandsetzung des ätherischen Körpers; Kreativität und Weisheit auf allen Ebenen; Ausscheiden von Giften und loslassen von allem, was nicht mehr nötig ist
o alle gegenwärtigen oder vergangenen Schock- und Stresssituationen: Unfälle, Traumata, Krankheiten, Hospitalismus; das Gefühl, nicht zentriert oder nicht ganz da zu sein

Regenbogen
+ das Empfinden von »Heilig« und Segen. Verjüngung

Rosa (Pink) GMT – Schlüsselwort *Liebe*
+ die Qualität von all-heilender Liebe, Vollendung aller Prozesse der Heilung; Verstehen der Einheit in der Vielfalt der Schöpfung; Mitgefühl, Vertrauen, Selbstwertgefühl, Selbstliebe
o Aggressivität

Rot (Red) GMT – Schlüsselwort *Energie*
+ Lebenskraft, Verbindung zur Erdenergie, Erdung; Realitätsbezogenheit, Bewegung, Manifestation auf der materiellen Ebene; Transformation
o Stagnation, Festgefahrensein, Negativität

Schwarz
+ Weiblichkeit, Intuition, Reife, Tiefe, Wiedergeburt. Die Leere, die alles enthält

Türkis
+ Kommunikation durch Kunst und Kreativität. Vertrauen in die Intuition. Bewusstheit. Idealismus, Optimismus. Mitgefühl und Empathie. Neue Verbindung mit den Energien des Himmels

Violett GMT – Schlüsselwort *Befreiung des gesamten Potentials*
+ Ausgeglichenheit des Geistes und aller inneren Polaritäten; Imagination, Inspiration, höheres Bewusstsein; Fähigkeit, sein gesamtes Potential auszudrücken, Spiritualität, Heilung, Dienen
o Stress, Krankheit, Behinderung der eigenen Entfaltung

Weiß (White) GMT – Schlüsselwort *Transformation*
+ Reinigung auf allen Ebenen und Entfernung von allem Überflüssigen; Klarheit; Entstehung von Raum für Entwicklung und Veränderung; Neuanfang, Wiedergeburt
o in Zeiten des Übergangs

Die Heilkraft oder Bedeutung von Tieren[13]
(Eine Auswahl)

+ fördert, unterstützt folgende Seinsqualitäten und neue Lebensmöglichkeiten: ...
o hilft bei der Auflösung von folgenden Lebensaspekten bzw. »Mustern«: ...

---

13 Zu den mit WE gekennzeichneten Tieren gibt es Animal Essences bei *Wild Earth,* PE bedeutet, daß es *Pazifische Meeresessenzen* davon gibt und LEE sind *Light Expression Essences*. Ansonsten sind die Angaben frei entnommen aus *Jamie Sams/David Carson.* Karten der Kraft. Ein schamanistisches Einweihungs-Spiel in den Pfad der Tiere. Windpferd, Aitrang 1989, und *Sun Bear/Wabun Wind Shawnodese:* Das Medizinrad-Traumbuch. Der indianische Weg der Traumdeutung. Goldmann, München 1995

Adler, Eagle WE
+ Kraft, Klarsicht, Vision. Im Bereich des Geistigen leben und dennoch mit beiden Füßen auf dem Boden stehen. Verbindung mit dem Großen Geist, mit dem Höheren Selbst und der göttlichen Führung

Ameise (Black Ant) LEE
+ Nimmt die Last von den Schultern; sich getragen und unterstützt fühlen; Ausdauer, Gruppenbewusstsein, Aktivität, Gemeinschaftsorientierung. Geduld und Vertrauen, das zu bekommen, was man braucht – für das Wohl des Ganzen

Amsel
+ Weiblichkeit. Die Leere betreten. Die Gabe der Magie

Bär, Bear WE
+ Verbindung mit der Kraft und den Rhythmen der Erde und des Unterbewusstseins. Hilft, Ideen, Pläne und Träume »auszubrüten« und fruchtbar zu machen. Einfühlen in den eigenen Rhythmus von Aktivität und Passivität (Winterschlaf und Wiederauftauchen). Mut, Stärke, Geerdetsein und Kraft. Verbindung zur inneren Weisheit, Hören auf die innere Stimme

Biene (Carpenter Bee) LEE
+ Fähigkeit, Wünsche und Ideen auf der physischen Ebene zu manifestieren. Selbstbewusstsein

Büffel (Buffalo) WE
+ in Verbindung kommen mit den Schwingungen und Rhythmen der Erde, ruhiger werden. Nährt ein Gefühl der Heiligkeit und der Verbindung von allem, was ist. Dankbarkeit für das Geschenk des Lebens. Erfahrungen von tiefer innerer Stille, Ruhe und Besinnung

Delphin Dolphin PE, WE, **Delph**-Essenz, PHI
+ spielerische Leichtigkeit, Verbindung zum inneren Kind, zur Lebenskraft und zum Rhythmus der Natur und des Atems. Telepathische Kommunikation (z.B. mit Tieren); Träume besser erinnern können, Verbindung zu anderen Welten. Intelligenz. Reinigung und Harmonisierung aller Chakren, allumfassende Liebe

Eule (Owl) WE, LEE
+ Zugang zur eigenen Weisheit bekommen und daraus handeln. Klar durch die eigene Dunkelheit hindurch das Licht und die Dinge sehen können, die Aufmerksamkeit und Beachtung brauchen. »Sehen« und Intuition. Hilft, die Wahrheit im Kern einer Situation zu erkennen. Größere Perspektive
o Dunkelheit und Hoffnungslosigkeit

Frosch
+ Reinigung, Befreiung von Negativität, Regeneration. Tiefe Gefühle, weibliche Natur. Transformation

Fuchs (Fox) LEE
+ Anpassungsfähigkeit an jede Umgebung, in jeder Situation. Scharfsinn und Unterscheidungsfähigkeit. Beobachtungsgabe und Intuition. Erfindungsreichtum, Überlebenskunst
o zu impulsives Handeln

Gans (Canada Goose) LEE
+ Balance zwischen Geben und Annehmen, Führen und Nachfolgen. Fähigkeit, mit anderen zusammenzuarbeiten. Gemeinschaftsgefühl. Respekt, Tradition, Inspiration

Geier
+ Tiefes Verstehen von Tod und Wiedergeburt. Reinigung, Wachsamkeit, Geduld

Habicht (Hawk) LEE
+ Stärke, Kraft, Zielgerichtetheit, Handlungsfähigkeit. Geführtsein von Instinkt und Intuition auf der Ebene höchster Integrität
o Zweifeln und Zögern

Heuschrecke
+ Lied oder Nahrung für die Seele. Männlicher Anteil des Selbst

Hirsch (Deer) WE, LEE (siehe auch **Reh**)
+ Einfühlung, Anmut, Intuition, Kreativität, Kommunikation. Anwachsen von Heilbefähigung und intuitivem Wissen. Sanftheit und

Frieden; sich bedächtig, mit großer Bewusstheit und Ruhe bewegen zu können. Bedingungslose Vergebung und Verzeihen
o Vorurteile, Ärger, Hass gegenüber anderen

Hund
+ Freundschaft, Loyalität, Schutz. Liebevolle Natur. Wichtiger Verbündeter und Führer in der Traumwelt

Jaguar
+ die Verbindung mit dem tiefen weiblichen Aspekt der menschlichen Natur. Jäger und Beschützer. Reichtum des Unbewussten

Kaninchen (Rabbit) WE
+ Reichtum auf allen Ebenen des Lebens; Vertrauen in die Fähigkeit, sich das Leben zu erschaffen, das man sich erträumt; Kreativität. Schnelles Wachstum auf dem spirituellen Weg. Fruchtbarkeit, Unschuld, Vergnügen

Katze (Cat/Tiger) LEE
+ Respekt und Frieden durch Ausbalancieren der Individualität (gesunde Grenzen setzen) und der Beziehung zum Großen Ganzen. Anerkennen und Respektieren der eigenen Bedürfnisse nach Zeit und Raum und der der anderen. Liebe und Mitgefühl

Kolibri (Hummingbird) WE
+ »Aufhellung«, Freude, Wonne, Schönheit, Musik, Tanz, Ästhetik, Zartheit, Heilung, Klarheit. Hilft in Zeiten äußerer Veränderung. Bringt Mut angesichts emotionaler Herausforderungen und vergangener, ungelöster Probleme

Koralle (Coral) PE (siehe auch unter **Edelsteinen** ...)
+ das Leben in der Gemeinschaft, Achtung vor sich und anderen

Krähe
+ Alte Weisheit, Gabe der Magie, die Geheimnisse des Universums in Worte fassen können. Schlauheit. Wächter- und Lehrerqualitäten. Vergangenheit, Gegenwart und Zukunft hier und jetzt im Gleichgewicht halten

Krebs (Einsiedlerkrebs) **(Hermit Crab)** PE
+ Alleinsein genießen können, Zufriedenheit und Sensitivität. Zähigkeit und Durchhaltevermögen. Dinge loslassen, die nicht mehr benötigt werden (statt sich festzuklammern). Alte Weisheit

Libelle LEE
+ Balance zwischen Körper, Gefühl und Geist, um eine gesunde Verbindung zu dem Wunder und der Freude der physischen Existenz zu haben. Entzücken
o zu große Schwere und Dichte in der Körperlichkeit

Löwe, Berglöwe (Mountain Lion) WE
+ absichtsvolle Handlung, kraftvolle Unterstützung zur Realisierung seiner Träume und Visionen, bei sich bleiben. Harmonie von Stärke und Sanftheit
o Ablenkung und Aufruhr, Ängste, mangelndes Selbstvertrauen

Maulwurf
+ Verbindung mit der Erde, unter die Oberfläche blicken, Instinkt. Verstehen der wahren Bedeutung von Ökologie. Wege finden, ein ausgeglicheneres Leben zu führen

Maus
+ Innenschau. Unschuld, Vertrauen, innere Stärke. Das Naheliegende erkennen, statt sich um das Entfernte zu kümmern. Genau hinschauen

Möwe
+ Anpassungsfähigkeit, Anmut, Friede. Grenzen setzen können. Still sein können

Otter WE
+ Neue Harmonie mit dem verspielten inneren Kind, Freude, Neugier, Humor, Lachen; Lernen, wie man spielt, um heiter und furchtlos auch angesichts ernster Dinge zu sein und das Leben leichter zu nehmen

Papagei
+ Lebenskraft, Schönheit, Fruchtbarkeit. Sonne, Licht und Regen

Pferd
+ Ausgeglichenheit, Männlichkeit, Kraft des natürlichen Seins, Sinnlichkeit, Schnelligkeit, Inspiration

Qualle (Jellyfish) PE
+ Fließen; sich der Erfahrung überlassen
o Starrheit, Feststecken

Regenwurm
+ Regeneration, Transformation, Leben unterstützen

Reh (Deer) WE (siehe auch **Hirsch**)
+ die Fähigkeit, schnell die Richtung zu wechseln, ohne aus seiner Mitte zu geraten; Bewusstheit für den Augenblick. Freundlichkeit, Heiterkeit, Anmut, Mitgefühl, Fürsorge, Wärme. Heilung von alten Wunden, Öffnung des Herzens

Robbe
+ Fähigkeit, zu spielen und zu kommunizieren. Intelligenz, Schnelligkeit, Selbstannahme

Schildkröte (Turtle) WE, **(Land Turtle)** LEE, **Seeschildkröte (Sea Turtle)** PE
+ Tiefe Verbindung mit der Erde. Gibt emotionalen und psychischen Schutz, um sich auch in schwierigen Situationen sicher zu fühlen. Gabe alter Weisheit. Ausdauer, Stabilität. Große Macht und Stärke. Anmut, Engagement

Schlange (Snake) WE
+ Einweihung in die tiefsten, überpersönlichen Bereiche der Psyche, schamanische Einweihung. Transformation auf tiefsten Ebenen; archetypische Erfahrungen (Tod und Wiedergeburt) vertiefen und integrieren. Lebens- und Sexualenergie, Sensibilität, Ausgleich, Verwandlung, Heilung. Leidenschaft; Vitalität, Kreativität, Entschlusskraft, Führungskraft. Kundalini, Feuer-Energie

Schmetterling (Butterfly) WE, LEE
+ Schnelle Transformation. Unterstützung in Zeiten emotionaler und spiritueller Umwandlung. Loslassen, Weitergehen; Vertrauen,

dass »der Wind einen trägt«. Leichtigkeit, Anmut, Bewegung; sanfter Fluss von Geben und Nehmen; harmonisches Gleichgewicht von Verletzlichkeit und Stärke des Selbst. Heilung des Emotionalkörpers

Schwalbe (Barn Swallow) LEE
+ Achtsamkeit, Wachheit. Urteilsfähigkeit, um richtige Entscheidungen zu treffen
o blindes Vertrauen

Schwan (Swan) WE
+ Erkennen und Anerkennen der eigenen Anmut, Schönheit und des eigenen Gutseins – und des Guten in anderen. Selbstachtung. Gefühl der Gnade – alles als Spiegel des Göttlichen sehen können. Leben als wertvolles und heiliges Geschenk erfahren. Transformation und Wiedergeburt, Liebe

Seepferdchen (Sea Horse) PE
+ Zugang zur inneren Wildheit; energetische Aufladung von Wirbelsäule und Zentralnervensystem

Seestern (Starfish) PE
+ Altes bereitwillig aufgeben können, Erfahrung des Leerseins zulassen. Trauerarbeit
o Festhalten

Spatz
+ Schönheit im Vertrauten, Musikalität, Verbindung. Spiritualität im Alltäglichen

Specht (Woodpecker) LEE
+ Freude, verbunden mit der Zentrierung im Herzzentrum. Balance zwischen männlich/weiblich, Arbeit/Spiel, kreieren/manifestieren

Spinne (Spider) WE, LEE
+ Verbindung nach innen. Hilft, an seine eigene, innerste Weisheit zu gelangen, und schafft einen Sinn für Ganzheit, Dazugehörigkeit und Integration auf allen Ebenen des eigenen Seins. Weibliche Natur, unendlich viele kreative Möglichkeiten sehen können, Intuition, Einheit, Unendlichkeit
o Feststecken in Negativität und Kritiksucht

Tiger siehe **Katze**

Wal (Whale) PE
+ die Verbindung zu allem, was ist. In Harmonie mit der Umwelt sein. Kraft und Macht. Töne und Frequenzen nutzen, die heilen. Bewusstseinserweiterung. Uraltes Wissen

Wespe (Wasp) LEE
+ Schutz vor Einflüssen von außen (Gedanken und Taten anderer) und innen (negatives Denken). Einklang mit der eigenen höchsten Möglichkeit und der der anderen. Energie
o niedriger Energiepegel, Trauer, leichte Verletzbarkeit durch andere

Wolf WE
+ Erdung und Sinn für die göttliche Gegenwart. Fähigkeit, die Wahrheit zu erkennen. Fähigkeit zu liebevoller Gemeinschaft und gesunder Abgrenzung. Familiensinn. Intimität. Kraft, Beharrlichkeit, Integrität, Treue, Mitgefühl. Schutz. Der innere und äußere Lehrer. Die großen Wahrheiten miteinander teilen